만국의 알바여,

정치하라

정치의
시 대

은수미

만국의 알바여, 정치하라

창비

당신을 사랑합니다.

낙선의 아픔을 느낄 겨를도 없이 1년을 보냈습니다. "아버지 세대는 누리기라도 하지 않았습니까. 우리는 시작부터 바닥이고 올라갈 기미마저 안 보입니다"라던 청년 남성, "어머니 세대부터 참고 살았는데 왜 저까지 그래야 하나요. 살아남기만 해도 행운인 것이 우리의 운명입니까?"라던 청년 여성. 그리고 목소리조차 내지 못하며 살아가는 사회적 약자들. 그분들에게 정말 많이 미안했습니다. 청년이나 사회적 약자들이 살아남기 위해 치열하게 경쟁하면서 점점 서로를 동료가 아니라 경쟁자, 심지어

적으로 여기게 된 데는 그들을 사실상 방치한 저와 같은 기성세대의 책임이 크니까요.

그러던 어느 날 "더 이상 미안하다고 하지 마세요, 이 제부터 함께하면 됩니다"라던 어떤 청년의 발언에서 좌 절과 고통 속에서도 포기하지 않는 새로운 희망의 모습을 보았습니다. 청년 세대는 도전할 수 없다던 바로 그 청년 이, 세상은 결코 바뀌지 않는다던 바로 그 청년이 스스로 촛불이 되어 광장에 선 모습에서 우리의 미래를 보았습니 다. 그래서 그동안의 강연 내용을 묶어 『은수미의 희망 마 중』이라는 책을 냈습니다. 또한 그 강연들 중 하나, 청년들 과 함께했던 강연을 풀어 작은 책으로 만들어내자는 제안 에도 응했습니다. 강연 내용에 덧붙여서 제가 2016년 2월 의 필리버스터에서 했던 발언 중 마지막을, 제가 생각하 는 정치의 핵심을 담은 이야기를 책에 수록했습니다.

아직 나지 않은 길, 그 길을 걷다 해가 저물 때 이 책이 작은 등불이 되었으면 하는 바람이 있습니다. 제 경험과 생각이 지친 이들의 쉼터가 되거나, 불필요한 좌충우돌이 없는 지름길을 알려주는 지도였으면 합니다. 하지만 그렇게 되지 않더라도 좋습니다. 이 책은 푸른 하늘을 향해 날 갯짓하는 사람들에게 제가 당신들과 함께하고 싶다고 보내는 사랑의 편지니까요. 반송된다 해도 사랑의 편지는 쓸 수밖에 없습니다. 가득한 사랑은 터져나오기 마련이니까요.

강연에서 누우이 말했듯, 이전에 쓴 책이나 이 책에서 반복적으로 강조하듯, 대선에서 승리하는 것은 시작에 불과합니다. 정권이 교체되어 틈새와 여지가 생긴다 해도 모든 문제가 단숨에 해결되지는 않습니다. 청년이, 사회적 약자가 자신의 목소리를 내고 자신의 이름을 역사에 새겨넣어야, 앞으로 나아가려는 미래 시대의 힘이 끊임없이 과거로 되돌아가려는 구시대의 강력한 힘을 넘어 사회 곳곳에 퍼질 수 있습니다. 보고 듣고 말하고 움직이는 일상정치가 회복되어야 더 이상 제도정치가 기득권 세력의 눈치를 보는 일이 없어지고 과거로도 돌아가지 않습니다. 어렵고 두렵고 힘든 일이지만 청년 스스로 해야 합니다.

저는 그것을 "정치해야 한다"고 말합니다.

　　제도정치든 일상정치든 괜찮습니다. 넌 너무 정치적이야, 급진적이야 하는 말에 주눅 들지 마십시오. 정치적이어서는 안 된다는 말만큼 정치적인 말도 없으니까요. 직업 정치인의 길을 걸어도 좋고, 최저임금 1만 원과 같은 사회적 의제를 두고 토론하는 독서회를 만들어도 좋습니다. 그 모든 것이 정치입니다. 여러분은 촛불집회에 참여하며 이미 정치를 시작했다는 사실을 기억하십시오. 자유와 민주와 평등은 시혜처럼 주어지는 것이 아니라 쟁취하는 것이고, 기득권은 빼앗는 것입니다. 기득권을 쥔 자들은 아무리 내려놓으라 한들 절대로 내려놓지 않습니다. 기득권에 도전하여 자신의 운명을 스스로 선택하기 위해서는 정치해야 하고 정치적이어야 합니다.

　　혼자 하라는 말이 아닙니다. 당장 하라는 말도 아닙니다. 잃기만 했던 시간, 자존감을 느껴보지 못한 시간이 너무 길어 여전히 치유가 필요한 사람도 있고, 먹고살기조차 힘들어 다른 일에는 엄두를 내지 못하는 사람도 있습니다. 지금 정치를 하지 못해도 괜찮습니다. 여력이 있는 저와 같은 사람들이 먼저 길을 내고 있을 테니 기력이 회복되면 당당하게 일어서서 걸어가십시오. '사는 대로 생각하는 것이 아니라 생각하는 대로 사는 것'은 아무나 누릴 수 있는 행운이 아닙니다. 그 행운이 여러분의 것이기를 항상 응원하겠습니다. 진심으로 당신을 사랑합니다.

2017년 5월

은수미

차례

정치의
시　대

만국의 알바여,
정치하라

호모 인턴스,
호모 알바스

　안녕하세요. 반갑습니다. 낙선하니까 저를 찾는 곳이 부쩍 늘어났습니다. 요즘은 전국 방방곡곡을 다니면서 강연을 하고 있는데요, 몸은 고단하지만 강연장에서 다양한 분들의 목소리를 듣는 것이 참 좋습니다.

　저는 처음 강연을 다니기 시작했을 때부터 노동을 이야기하면서 정치적인 문제를 다뤘습니다. 지금이 대변혁의 시기다, 곧 혁명이 올 것이다, 이런 말도 했지요. 2016년 가을까지만 해도 제가 혁명을 이야기하면 손 들고 일어나서 그런 일은 절대 일어나지 않을 거라며 반박하는 분들이 많았습니다. 지금은 그런 분이 거의 없습니다. 그때 손 들고 반박하셨던 분들이 광장에서 촛불을 들면서 많이 달라지셨지요. 많이 달라졌음에도 불구하고 마음속에 불안이 아직도 큰데요, 오늘은 그 이야기를 해보려 합니다. 우리는 누구이고, 우리는 왜 이렇게 불안한 걸까요.

일단 젊은 층과 관련한 이야기, 그중에서도 아르바이트로 강연을 시작해볼까 합니다. 평소 제 강의에 오시는 분들을 보면 절반 정도가 중고등학생, 대학생, 사회생활 초년생입니다. 나머지 절반은 노조원이나 주부고요.

고등학교 졸업 후 대학에 진학하지 않은 사람들이나 대학생 대부분이 아르바이트를 하고 있습니다. 하나만 하면 그나마 사정이 나은 편이고 주간과 야간을 모두 아르바이트에 투자하는 사람들도 많지요. 아르바이트를 하는 사람은 예전에도 많았어요. 과거와 다른 점이라면 지금은 직업이 '아르바이트'인 사람이 많다는 겁니다. 정규직이 아닌 시급제 아르바이트가 직업인 사람이 정말 많습니다. 연령대도 넓어서 청소년부터 60대까지 걸쳐 있지요.

요즘 20대, 30대는 스스로를 호모 사피엔스가 아니라 '호모 인턴스' 또는 '호모 알바스'라고 정의합니다. 본인들의 정체성을 인턴이나 아르바이트생이라고 정의하는 사람들이 저에게 묻습니다. "주말 내내 아르바이트하느라 촛불을 한 번도 들지 못했어요. 이런 제가 앞으로 광장에 나갈 수 있을까요?" "투표하면 제 삶이 달라질까요? 정치를 통해 세상이 바뀔 거라고 믿으세요?"

이런 질문에는 아르바이트생의 고단한 현실이 담겨 있습니다. 과거에는 '젊어서 고생은 사서도 한다' 했지만, 지금은 '젊어서 고생하면 늙어서 골병든다'고 합니다.

2013년에 일어난 김군 사건을 기억하시는지요. 배달 아르바이트 아시죠? 전국에 최대 2만 명이 오토바이로 배달을 하고 있다고 추정됩니다. 김군도 그 2만 명 중 한 명이었는데요. 배달을 하다가 사고를 당해서 하반신이 마비됐습니다. 그래서 산업재해(산재) 신청을 했지요. 업무 중 사고였으니까요.

다행히 고용노동부 산하 공공기관인 근로복지공단에서는 산재를 인정했습니다. 문제는 그다음이었지요. 배달 대행업체가 우리는 김군을 고용하지 않았으니 산재 보상금을 부담할 책임이 없다며 소송을 걸었고, 결국 김군은 1심과 2심에서 산재를 인정받지 못했습니다. 아르바이트인데 고용을 하지 않았다니 좀 이상하지요? 김군이 형식적으로는 개인사업자였기 때문입니다.

당시 김군은 배달 대행업체에서 일감을 받고 있었습니다. 예전에는 식당에서 김군과 같은 배달원을 직접 고용했지만, 배달 앱(app, application)이 대중에게 퍼지고 배달 대행업체가 생기면서 상황이 달라졌습니다. '요기요'나 '배달의민족' 같은 배달 앱을 써본 분들 많을 텐데요. 운영 구조가 콜택시나 대리운전과 비슷합니다.

소비자들이 배달 앱을 이용해 주문을 하면 배달 앱은 식당에 주문을 전달합니다. 식당은 음식을 만들어 배달 대행업체에 배달을 요청하고요. 그러면 배달 대행업체는 자기네들에 등록되어 대기 중이던 김군 같은 배달원들을 호출하고, 배달원들은 재빨리 식당에 가서 음식을 받아 배달합니다.

이때 배달 앱 운영회사도, 배달 대행업체도, 식당도,

그 누구도 김군을 고용하지는 않습니다. 배달 한 건에 보통 2500원 내외를 주는 계약을 할 뿐이지요. 그래서 김군은 웬만한 노동자보다 힘들게 일하지만 신분은 배달 자영업자, 즉 '배달 사장'입니다.

배달을 많이 할수록 돈을 더 받는 건당 도급제니까 속도를 내고 차선을 넘나들 수밖에 없습니다. 그래서 사고가 많이 납니다. 생계가 달려 있으니 곡예 운전도 불사하는데, 그러다가 사고를 당해 하반신 마비가 된들 김군처럼 아무도 책임지지 않는 겁니다.

노동자라면 산재 책임을 사용자가 지겠지만, 노동자는 있으나 사용자는 없는 기묘한 상황 탓에 이런 일이 생깁니다. 말이 좋아 디지털 시대지 사실은 인권과 존엄이 유린된 절벽 같은 현실이 전국에 있는 김군들의 일상입니다. 김군과 같은 배달원만 2만 명 가까이 되고 비슷한 형태로 일하는 사람들이 100만 명 정도 됩니다. 이런 사람들이 정치에 참여할 엄두나 낼 수 있을까요?

다른 예도 있습니다. 제 지역구가 성남 중원입니다.

분당 바로 옆인데 어렵게 생활하는 분들이 많고, 특히 인력업체가 많습니다. 중원구에 있는 인력업체 중에는 이름이 '분당 파출부'인 곳도 있는데요, 아침마다 사람들을 모아서 분당으로 보낸다는 뜻일 겁니다.

인력업체는 보통 새벽 5시, 5시 반, 6시, 6시 반, 이렇게 네 번에 걸쳐 사람을 모읍니다. 일을 찾으러 나온 분들은 20대부터 70대까지 연령층이 다양한데 파출부나 건설 노동자도 있고, 환경미화를 하시는 분도 있지요. 일당은 5만 8000원에서 10만 원 사이고, 그나마도 일이 매일 있다는 보장은 없습니다.

저는 지난 총선 때 인력업체를 수시로 방문해서 투표해달라고 부탁을 드렸습니다. 그러다가 조금 알게 된 분이 저에게 말씀하시더군요. "내가 이거 벌려고 새벽부터 나와 있다, 투표하려면 일당을 포기해야 한다, 내 새끼 먹일 밥을 포기해야 한다, 그런데 투표할 수 있겠나." 이것만으로도 뭐라 할 말이 없는데 이렇게 덧붙이시는 겁니다. "좋다, 일당 포기했다고 치자, 그래서 민주당을 찍으면 내

일당이 오르나, 내 새끼 시급이 오르나, 괜히 개혁한답시고 사회가 불안해지면 나만 손해 본다." 이런 현실에 누가 쉽게 해결책을 제시할 수 있겠습니까?

투표하는 데 걸리는 시간은 보통 15분, 사람이 몰려도 1시간이면 할 수 있습니다. 별일 아닌 것 같지요? 하지만 일당으로 먹고사는 분들한테 투표란 하루치 생계를 걸어야 하는 일입니다.

그래서 제가 가장 싫어하는 말 중에 하나가 '왜 가난한 사람들은 개혁세력에 투표하지 않느냐?' 하는 겁니다. 이 질문은 굉장히 잘못되었습니다. 오히려 되물어야 하죠. 개혁세력, 개혁 정당이 한번이라도 이런 분들을 위해 끈질기게 매달려서 세상을 바꿔보려고 노력한 적이 있나요? 투표할 수 있도록 숨통을 틔워준 적이 있나요? 제 기억에는 없습니다. 그러면서 먹고살기 어려운 분들에게 왜 우리와 같은 개혁세력에 투표하지 않느냐고 비난합니다. 과연 그럴 자격이 있나요?

이분들이 당장 일당을 올려달라고 요구하는 게 아닙

니다. 내가 힘들 때 같이 있어줬으면 하는 겁니다. 아주 잠시라도 함께해준다면 희망을 품을 수 있기 때문이지요. 그러면 개혁세력에 표를 줄 만할 겁니다. 내 아이들을 위해서라도 말입니다. 하지만 개혁세력은 그분들 곁에 있어준 적이 거의 없습니다.

미국이 우리나라와 비슷합니다. 미국 학자들이 정당들의 정책을 분석해본 결과, 미국 민주당은 고소득층과 중소득층을 대변하고 공화당은 고소득층만 대변한다고 합니다. 미국도 한국처럼 저소득층을 대변하는 정당이 없는 것이지요. 그래서 점점 양극화가 심해지고 있고요. 물론 한국에는 녹색당이나 정의당이 있지만 사실상 의회에서 영향력이 거의 없습니다.

저는 더불어민주당(민주당) 당원입니다. 그런데 민주당이 저소득층을 위한 정책을 제대로 펼쳤느냐고 물으면 아니라고 답할 수밖에 없습니다. 그래서 제가 인력업체에 나온 아저씨한테 감히 투표해달라고 말씀드릴 수 없었던 겁니다. 그냥 함께하겠다고만 했지요.

하지만 지금은 투표해달라고 말합니다. 여전히 부족하지만 그래도 저와 같은 정치인이, 그리고 민주당이 시작하고 있고 함께할 것이며 포기하지 않을 거라고, 그런데 표를 받지 못하면 시작조차 할 수 없다고 말이죠. 지역에서 지난 3년간 저를 지켜보신 일용직 노동자가, 그리고 편의점 아르바이트 청년이 "투표할게요"라고 할 때마다 정말 감사합니다.

그래서 일용직 노동자와 아르바이트생을 위해 무엇을 시작할 거냐고요? 예를 들어 최저임금을 올리는 일도 시급합니다. 최저임금도 못 받는 사람이 200만 명인데, 그냥 둘 수는 없지요. 그리고 매해 최대 900만 명이 한 번 이상 이직하거나 해고를 당하는데, 그중 약 400만 명은 실업급여를 받지 못합니다. 이런 사각지대를 없애야 합니다. 특히 김군처럼 사실상 노동자로 일하는데 자영업자로 분류되어 아무런 보호를 받지 못하는 사람들을 지켜줄 수 있어야 합니다.

어떻게든 이 문제들을 해결하려면 한 표가 소중합니

다. 사정이 어려운 분들이 참정권을 포기해버리면 아무런 변화도 일으킬 수 없습니다. 그래서 제가 투표를 독려하는 겁니다.

이보다 더욱 중요한 것은 투표 이상의 행동을 해야 한다는 것입니다. '당장 먹고사는 문제를 마주하고 있는 분들이, 4년에 한 번 투표하기도 어려운 분들이, 그런 분들이 목소리를 높이고 촛불집회에 참여할 수 있을까?' 이런 질문을 던지면 다음과 같은 반박이 돌아옵니다. '지나친 이상주의거나 너무 현실을 모르는 것 아니야?' 당연한 의문입니다.

투표뿐 아니라 투표 이상의 행동, 예를 들어 촛불을 드는 것과 같은 행동은 개인이 원한다고 할 수 있는 것이 아닙니다. 아무리 원해도 할 수 없거나 아예 생각조차 못 하게 만드는 현실이 우리를 억누르니까요. 이제 그 이야기로 넘어가보겠습니다.

의자놀이와
하청 사회

우리 사회는 어떤 규칙에 따라 움직일까요? 우리나라의 규칙은 바로 헌법입니다. 사람은 태어나서 죽을 때까지 존엄할 권리가 있고 국가는 그 불가침의 인권을 보장해야 한다는 헌법, 이것이 민주공화국인 우리나라의 규칙입니다.

하지만 현실에서 헌법은 글자에 불과합니다. 현실의 규칙은 무엇인가요? 한마디로 의자놀이입니다. 의자놀이가 뭔지 아시지요? 여러분 눈앞에 의자 10개와 사람 10명이 있다고 상상해보세요. 10명의 사람이 10개의 의자 주위를 돌다가 신호가 떨어지면 의자에 앉는 게임입니다.

이제 의자 개수가 사람 수보다 모자라고 심지어 시간

이 갈수록 줄어든다고 생각해보세요. 이게 놀이일 때는 재미있을지 몰라도, 현실에 적용되면 굉장히 잔인해집니다. 가장 친한 친구와 의자 하나를 두고 목숨을 건 싸움을 벌여야 할 수도 있으니까요.

헌법에 따르면 사람 수와 똑같은 수의 의자가 사회에 있어야 합니다. 내가 잘났든 못났든 사회에 내 몫의 자리 하나는 준비돼 있어야 하지요. 그런데 현실에는 의자가 모자랍니다. 태어나서부터 지금까지, 초등학교 중학교 고등학교에서 죽어라 경쟁하고, 대학교에서 스펙을 쌓아도 사회에 나오면 내가 앉을 자리가 없습니다. 의자놀이에서 벗어날 방법도 없고요.

우리나라에서 의자가 없어진 게 언제부터일까요? 1997년 IMF 외환위기부터 아주 분명하게 의자가 없어지기 시작했습니다. 맞벌이 부부 중 여성이 먼저 잘리고, 고령자와 청년들이 잘리면서 삽시간에 수십만 명이 실직했지요. 그래도 그때는 10명이 있다면 의자가 9개는 있었습니다. 좀 힘들어도 나누자, 경제위기래, 이런 말을 하면서

헌법에 따르면 사람 수와 똑같은 수의 의자가 사회에 있어야 합니다.

비정규직이라도 군소리 않고 견뎠지요.

문제는 외환위기에서 벗어났는데도 의자가 슬금슬금 하나씩 사라졌다는 겁니다. 분명 고비는 넘겼는데, 잘사는 사람들은 갈수록 부자가 되는 반면, 나는 점점 살기 힘들어집니다. 노력을 많이 해도 그렇습니다.

우리나라가 OECD 국가 중 연간 노동시간 1~2위인 건 유명하지요. 그만큼 열심히 일합니다. 사회에 나오기 전부터 스펙도 엄청 쌓고요. 의자놀이에 비유하면 호루라기가 울리기 전부터 전력 질주를 하는 셈입니다. 그런데 그렇게 달려도 호루라기가 울려서 자리를 찾아보면 9개 있던 의자가 5개로 줄어서 내 자리는커녕 내 아이 자리도 없습니다.

이러니 꾹 참았던 사람들도 슬슬 억울하지 않겠습니까? 참다못해서 내 자리 어디 갔냐고 소리 지르면 호루라기를 분 사람이 답합니다. 저기 너보다 능력 좋은 정규직이 앉아 있다, 공기업 철밥통이 앉아 있네, 네 부모가 차지하고 있잖아, 젊을 때는 고생도 사서 하는데 무슨 자리 타령이냐, 최저임금 찾지 말고 이거라도 받아라, 지방대 나왔으면서 눈만 높다, 이렇게 말입니다.

남아 있는 의자가 탄탄하냐면 그렇지도 않습니다. 평생직장은 이미 옛말이 된 지 오래지요. 사람을 내보내는 수단도 한두 가지가 아닙니다. 정리해고, 성과연봉제, 명예퇴직, 비용절감, 민영화 등에 이제는 '쉬운 해고'라는 말까지 등장했습니다. 처음 자를 때가 어려웠지 한번 하고 나니 점점 쉬워지는 겁니다. 결국 지금은 소수만이 의자에 앉을 수 있고, 그 의자조차도 위태위태한 상황이 되어버렸습니다.

이제는 어린아이들도 사회구조가 의자놀이와 같다는 걸 알고 있지요. 특히 중고등학생들은 직접 경험하고 있습니다. 왜 내가 흙수저인지 금수저인지 판단하는 빙고게임이 인터넷에 퍼지겠습니까.

제 강연에 온 학생들이 말하길, 친한 친구가 자기보다 잘난 게 제일 싫답니다. 왜냐면 나중에 잘난 친구가 자기 자리를 빼앗을 테니까요. 10대들이 이러다 평생 친구를

사귀지 못할 것 같다고 합니다. 꿈도 꾸고 싶고 저항도 하고 싶은데, 그러다 혼자 덤터기를 쓸까 걱정이랍니다. 아이들은 이미 김군 같은 사례를 봐서 의자에 앉지 못하면 어떻게 되는지 알고 있습니다.

우리나라가 의자놀이를 할 수밖에 없을 정도로 힘드냐면, 절대 그렇지 않습니다. 경제성장률은 떨어졌지만 돈은 계속해서 쌓이고 있지요. 2015년 기준으로 소수의 재벌 대기업이 가진 부동산이 960조 원이고, 전체 기업의 현금성 자산은 670조 원입니다. 부동산과 현금을 합치면 1700조 원이지요. 이걸 철통같은 의자에 앉은 일부 사람들이 쥐고 있습니다.

반면에 가계부채는 1300조 원이 넘는데요, 여기에 정부부채가 약 600조 원 있으니 둘을 합치면 1900조 원 정도 됩니다. 의자 위에는 1700조 원을 쌓아두고 있고, 의자 아래는 1900조 원의 빚에 허덕이고 있습니다. 아무리 자본주의라지만 한쪽으로 너무 쏠려 있지요.

재벌 대기업은 의자를 없애고, 간신히 의자에 앉은 사

람들은 빼앗기지 않으려고 기를 쓰고, 그마저 없는 사람들은 처음부터 포기해야 하니 갈수록 살기가 팍팍해지는 겁니다. 주변을 돌아볼 여유가 없는 게 당연하지요.

사회가 의자놀이의 규칙을 따르면서 두 가지 현상이 나타났는데요, 저는 '하청 사회'와 '포스트 민주주의'라고 부릅니다. 이에 대해서 차근차근 설명하겠습니다.

먼저 하청 사회는 하청 기업과 비정규직이 많다는 의미가 아닙니다. 하청 사회의 특징은 노동자는 있는데 고용한 사람은 아무도 없다는 점입니다. 과거에는 재벌 대기업이 고용이라도 하고 일을 시켰는데, 이제는 고용하지 않은 채 일을 시켜서 돈을 벌고 있지요. 이런 행태가 모든 기업에 퍼진 것이 하청 사회입니다. 배달 대행업체에서 일을 받던 김군도 전형적인 하청 사회의 노동자지요.

하청 사회의 또 다른 사례는 백화점에 있습니다. 우리나라 백화점 중 매장을 직접 운영하는 곳은 거의 없습니다. 백화점은 공간을 빌려주고 수수료를 받지요. 백화점에 있는 수십 개 브랜드들은 세입자고, 백화점이 집주인인 셈입니다. 웃긴 건 백화점은 집주인이면서 간판에 자기네 이름을 당당히 건다는 사실입니다. 자영업자들은 아시겠지만 내가 가게를 임대했다고 해서 집주인 이름을 간판에 걸지는 않습니다. 백화점만이 상식에서 벗어나 당당하게 이름을 내걸지요.

백화점 속은 더 가관인데요, 주로 1층에 있는 화장품 매장에서 일하는 분들은 대부분 파견직원입니다. 그 화장품 브랜드의 직원이 아니고요. 화장품 브랜드가 파견업체에 요청해서 매장을 관리할 사람을 들이는 겁니다. 여기서 파견이라는 형태의 비정규직이 나타나지요. 더 심각한 문제는 그 위층에 있는 의류 매장들에 있는데 바로 김군 같은 노동자들, 즉 자영업자들이 일하는 곳입니다.

백화점 의류 매장의 대다수는 근로계약을 맺지 않습니다. 매니저라고 이름을 붙이고는 수수료 계약을 하지요. 이런 매니저는 개인사업자로 분류됩니다. 매니저는 자기 밑에서 일할 사람을 뽑으면서 또다시 근로계약이 아니라 수수료 계약을 맺지요. 의류 매장에서 일하는 분들은 퇴직금을 못 받고 4대 보험에도 가입되어 있지 않습니다. 근로 기록이 없으니 은행에서 대출을 받기도 힘들고요.

더 웃긴 사실은 백화점에서 매장 직원들을 통제한다는 겁니다. 백화점은 사실 아무 관계도 없지 않습니까? 집주인과 임대 매장 직원이니까요. 그런데 모든 결정을 할 때 백화점에 허락을 받아야 합니다. 매니저가 직원을 뽑을 때는 브랜드 본사와 백화점에 모두 보고해야 하고요. 왜 그럴까요? 그러라고 하니까요. 특별한 이유도 없습니다.

백화점은 출퇴근, 매출, 접객 태도 등 모든 것을 통제하면서, 고용에 대해서는 어떠한 책임도 지지 않습니다. 물론 백화점에도 정규직이 있긴 합니다. 10퍼센트를 넘지 않지만요. 아무런 근로계약 없이도 노동자를 지배할 수 있는 사회, 이게 하청 사회입니다.

하청 사회의 전형적인 모델이 시작된 것은 2003년 인천국제공항공사였습니다. 저는 어디 가면 정규직이 몇 명인지 보는 게 습관인데요. 여러분이 인천국제공항에 도착해서 처음 만나는 정규직은 누구일까요? 비행기에 탑승

할 때 맞이해주는 승무원입니다. 그 전까지 마주치는 수 많은 사람들은 전부 비정규직이거나 하청직원이지요. 경비든 청소든 발권이든, 심지어 보안존에 근무하는 분들도 대부분 하청직원입니다. 인천국제공항은 정규직이 10퍼센트쯤 되는, 그야말로 아웃소싱(outsourcing) 천국입니다.

기술 발전 때문에 생겨난 불가피한 현상이라고요? 그렇지 않습니다. 기술이 발전한다 해도 인권과 존엄을 보호할 수 있고, 또한 보호해야 마땅합니다. 예를 들어볼까요? 김군과 같은 경우를 일컬을 때 '플랫폼 노동자'라는 말을 씁니다. '소비자─배달 앱─식당─배달 대행업체'가 일종의 플랫폼을 구성하여 노동을 중개한다는 뜻이지요.

플랫폼 노동자는 기존 노동자와 다르게 명확한 근로계약을 맺지 않습니다. 그래서 프랑스는 2016년 8월 8일에 플랫폼의 의무와 플랫폼 노동자의 권리를 추가하는 방향으로 법을 개정했습니다. 개정된 프랑스 법에 따르면 플랫폼 노동자는 기존의 노동자처럼 사회보험을 적용받고 노조에도 가입할 수 있지요.

인천국제공항은 그야말로 아웃소싱 천국입니다.

미국에서는 '공동사용주'라는 개념을 도입하기 시작했습니다. 미국에서도 우리나라 청소 노동자처럼 하청에 재하청을 거듭하는 경우가 발생했는데요. 본사든 하청업체든 공동으로 청소 노동자에게 일을 시켜 이득을 취하면 공동사용주라고 보는 겁니다. 이것을 확장하면 플랫폼이 공동사용주가 되지요.

우리나라에서도 방법을 찾긴 했습니다. 김군과 같은 배달원이나 택배 노동자, 그 외에 노동자인지 자영업자인지 애매한 사람들을 특수고용노동자로 묶어서 산재보험으로 보호하는 것입니다. 19대 국회에서 특수고용노동자들에게도 강제로 일반 노동자 산재보험을 적용하는 법을 통과시키려 했는데요, 재벌 대기업이 소유한 보험회사들의 로비 탓에 실패했습니다. 산재보험의 적용 범위를 넓히면 1조 원이 넘는 단체상해보험 시장이 많이 줄어들기 때문에 보험회사들이 기를 쓰고 막았지요.

플랫폼 노동자를 보호할 방법이 있는데도 우리나라는 아무것도 하지 않고 있습니다. 그저 노동자가 맨땅에

헤딩해야 하지요. 그 과정에서 하루 평균 6명이 산업재해로 목숨을 잃고 있습니다.

산재를 기업이나 사용자가 아니라 개인이나 작업자의 책임으로 미루는 것은 아주 악질적인 관행입니다. 2012년 구미에서 불산가스 누출 사고가 났을 때 기억하세요? 그때 다섯 분이 돌아가셨습니다. 그중 3명이 20, 30대 청년이었고요. 사고 후에 경찰에서 노동자들이 실수로 밸브를 연 탓에 불산이 누출되었다며 CCTV에 녹화된 화면을 계속 틀어댔습니다. 저건 밸브 조작 실수다, 작업자 책임이다, 이 말입니다. 물론 작업자에게는 책임이 없었습니다.

2016년 구의역 사고 때도 사망한 열아홉 살 김군에게 책임을 물었다가 강력한 항의를 받았지요. 그렇게 작업자에게 책임을 떠넘기는 관행은 여전히 남아 있습니다. 2016년 12월 재벌 대기업 산하 건설사의 공사장에서 안전을 강조한답시고 이런 문구를 내걸었더라고요. "일단 사고가 나면 당신의 부인 옆에 다른 남자가 자고 있고, 그놈이 아이들을 두드려패며 당신의 사고 보상금을 써 없애는

꼴을 보게 될 것입니다." 이 문구는 여성과 인권 비하도 큰 문제이고, 더불어 사고의 책임을 노동자에게 전가하려는 의도 역시 명백합니다.

기업들은 사고 책임을 노동자에게 떠넘기면서 산재보험료를 덜 내고 있습니다. 그렇게 번 돈을 고스란히 호주머니에 넣고 있지요. 2015년 삼성이 1009억 원을 벌었고, 30대 재벌로 범위를 넓히면 약 5000억 원입니다. 그러니 삼성이 정유라에게 220억 원 정도 주려고 한 거야 껌값이겠지요.

다시 강조하지만 기술이 발전해서 일자리가 없어지는 것이 아닙니다. 기술이 발전해서 일하는 사람들이 산재로 죽어가는 것이 아닙니다. 의자를 없애는 극소수가 교묘하게 책임을 회피하면서 노동자를 쥐어짜고 있습니다. 사회가 의자놀이의 규칙을 따르면서 벌어진 비극입니다.

시민이
사라진
민주주의

　의자놀이로 인해 벌어진 두 번째 현상은 '포스트 민주주의'입니다. 포스트가 붙으면 어쩐지 어려워 보인다고요? 말만 이렇지 이해하기는 쉽습니다. 우리가 직접 겪고 있으니까요. 시민이 주인이 아닌 민주주의, 주인의 자리를 기득권 세력이 꿰차고 앉은 민주주의, 그것이 포스트 민주주의입니다.

　제가 헌법 이야기를 할 때 꼭 물어보는 질문이 있습니다. 당신은 소중하고 사랑스러운 사람이며 불가침의 인권을 지닌 정말 특별한 존재라는 말을 들어본 적이 있나요? 이런 비슷한 말을 정치와 관련된 곳이나 아니면 회사에서 들어보셨습니까? 그러면 대부분이 들어본 적 없다고 대

답합니다.

심지어 강좌에서도 이런 말을 해주지 않습니다. 자기 계발 강좌 많지요? 그런 데서 늘 하는 얘기가 당신은 경쟁에서 이겨야 하고, 인적자원으로서 가치를 높여야 한다, 이겁니다. 제가 가장 싫어하는 단어 중 하나가 인적자원인데요. 독일 나치가 처음 만들었고 스탈린도 사용했습니다. 사람을 하나의 자원이자 상품으로서 대하는 말이지요. 이런 말을 주로 들으니 헌법에서 아무리 국민이 주인이라고 한들 와닿지 않는 겁니다. 상품이나 석유 같은 자원인 사람이 어떻게 주인일 수 있겠습니까.

주인의식을 교육받거나 경험하기 어렵고 하청 사회 때문에 먹고살기도 힘들다보니 자연스럽게 정치에서 관심이 멀어질 수밖에 없습니다. 자신이 4년에 한 번씩 투표하는 기계처럼 느껴지기도 하고요. 가끔씩 여론조사 전화를 받아도 수동적으로 응답할 뿐이지요. 점점 정치가 나와는 상관없는 일이 되고, 나는 시청자인 것 같아집니다. 본방 사수와 다시 보기 정도만 선택하는 시청자에 불과한 겁니다. 이렇게 더 이상 시민이 주인이 아니게 되면, 과연 어떤 일이 벌어질까요?

정치인은 시청자가 된 국민 앞에서 판촉행사만 합니다. 자기를 팔아 표를 모아야 하니까요. 그렇게 정치가 실제가 아니라 가상의 정치, 일종의 연극이 되어버립니다. 정치가 연극이 되다보니 아무리 투표를 한들 우리의 삶도 정치도 바뀌지 않지요. 정치가 표 모으는 데만 관심을 쏟는데, 어떻게 현실이 바뀌겠습니까.

게다가 당사자인 정치인은 가상의 정치에 익숙해져서 스스로 연극을 하는 줄도 모릅니다. 어떻게 모르냐고요? 한번이라도 더 언론을 타고 얼굴을 알리려면 연극을 잘해야 하다보니, 결국 지나치게 익숙해져서 연극이 정치의 본질이라고 믿는 겁니다. 연극과 현실을 결합한 새로운 정치를 하지 못하고 기존 정치를 계속할 거라면, 스스로 연극을 한다는 사실을 모르거나 눈감아야 합니다. 주변에서도 연극임을 몰라야 한다는 조언을 하지요.

저는 처음 국회에 들어설 때 의회란 시민을 대변하는

곳이니까 4년 동안 치열하게 정책을 두고 토론할 거라고 기대했습니다. 국회 본회의장 천장에 달린 전구가 365개인데요, 1년 내내 국민만을 위해 일하라는 의미입니다. 그런데 제가 그 사실을 안 것이 국회에 들어가고 2년이 지난 뒤였습니다. 아무도 알려주지 않았고 누구에게도 배울 수 없던 탓입니다. 전구의 의미를 몰라도 금배지를 달 수 있고, 배우지 않아도 정치인을 할 수 있습니다. 포스트 민주주의에서는 오히려 모르는 편이 낫지요.

그러면 제가 뭘 배웠느냐. 말 좀 하지 마, 이거였습니다. 4년 내내 이 말을 들었지요. 괜히 말했다가 조중동이랑 종편한테 욕먹는다, 강성이라고 찍히면 표 떨어진다. 실제로 제가 지금 종편과 소송 중인데 연거푸 졌습니다. 그쪽에서 제 명예를 심각하게 훼손한 셈인데도 저는 패소했고 그 대신 강성 정치인이라는 이미지만 남았지요.

주변에서는 이런 저를 위로하면서 힘내라고 했을까요? 그러니까 말하지 말랬지, 결국 당했잖아, 이렇게 조언을 하더라고요. 가상의 정치, 연극 무대에 익숙하지 않은 정치인은 정치를 할 수 없다, 이것이 제가 국회에서 배운 거의 전부입니다.

그러면 어떤 판촉행사나 연극이 필요할까요? 가장 중요한 과제는 인지도를 올리는 '이미지 업'입니다. 사진 한 장 보도되지 않는 비정규직 시위 현장에 가는 것보다 사진 기자들과 점심이나 저녁을 먹으면서 잠깐 지나가는 영상에라도 나 좀 내보내달라고 부탁하는 것이 중요합니다. 특히 저는 인지도가 낮으니 더욱 중요하다는 이야기를 들었지요. 사실이더라고요.

3년 전, 제 지역구인 성남 중원에 처음 갔을 때 저를 아는 분이 0.1퍼센트였습니다. 필리버스터를 하기 전이었지요. 1000명 중 1명만 나를 알고 있다니, 그동안의 활동이 주마등처럼 스쳐 지나갔습니다. 내가 잘못한 것일까 하는 고민도 참 많이 했지요.

인지도를 어떻게 올리냐고요? 간단합니다. 우선 지도부나 유명 정치인 곁을 떠나지 않는 것, 아주 좋은 방법입니다. 반드시 유명 정치인의 왼쪽 귀나 오른쪽 귀 뒤에 서라는 말이 있는데요. 그럼 그 사람 사진이 보도될 때 저도 함께 나옵니다.

여러분은 우습게 들리시겠지만 효과가 꽤 큽니다. 실제로 SNS에 유명 정치인과 함께 찍은 사진을 올리면 '좋아요' 수가 달라지지 않습니까? 그래서 의원들끼리 자리 경쟁이 치열합니다. 얼굴에 철판 깔고 옆 사람을 밀고 팔꿈치로 치는 경우도 있지요.

또 중요한 게 의원총회입니다. 의원총회에서 발언을 잘해야 하니까 중요할까요? 아닙니다. 이때도 사진에 찍히는 자리가 관건입니다.

의원총회에서 지도부가 입장하는 길이 있는데요. 미리 와서 그 통로에 앉아 있다가 지도부가 입장할 때 일어나서 90도로 인사를 하고 잠시 이야기를 나눠야 합니다. 점심 메뉴든 교통 체증이든 무슨 이야기든 괜찮습니다. 5초나 10초 동안 이야기를 하면, 만에 하나 기자들이 사진을 찍고 밀담을 나눴다며 보도해줄지도 모르기 때문입니다. 그러면 또 인지도가 올라가지요.

연고도 중요합니다. 마치 처음 보험을 판매하는 분들이 연고자부터 찾는 것과 비슷하지요. 그런데 저는 연고가 그렇게 중요한지 몰랐던 명청한 의원이기도 했습니다. 연극배우로서 기본이 부족했던 셈이지요.

연고가 마냥 나쁘기만 한 것은 아닙니다. 정치에 관심 없는 분들이 투표할 때 선택하는 기준은 직접 보고 겪은 사람입니다. 정치인은 다 거기서 거긴데 전혀 모르는 사람보다는 그래도 좀 알거나 겪어본 사람이 낫다고 생각할 수밖에 없지 않겠습니까? 그런데 저는 연고가 없는 탓에 알기 어려운 사람입니다. 이 사실을 미처 몰랐지요.

이처럼 시민이 주인이 아닌 관객이 되고 정치가 연극 무대처럼 되면 현실은 더욱 악화됩니다. 1퍼센트 재벌 대기업이나 기득권 세력이 권력을 장악하여 자기들끼리 진짜 정치를 합니다. 헌법은 글자에 불과하게 되고, 의자놀이가 영원히 우리의 규칙으로 자리 잡게 되지요.

이뿐만이 아닙니다. 정부는 점점 더 명청해집니다. 한국에서는 가장 우수한 사람들이 공무원이 되지요? 그런데 공무원으로 10년, 20년을 일하면 눈치만 빠른 멍청이가 된다는 말이 있습니다. 왜 그럴까요? 정부가 하던 일을 민영화해라, 재벌 대기업에게 넘겨라, 정부는 비효율적이다, 공무원은 철밥통이다, 이런 말들을 진짜 권력을 쥐고 있는 기득권 세력이 주문처럼 외기 때문입니다.

기득권 세력에 밀려서 하던 일을 민간 기업에 넘기다 보니 공무원들은 경험도 전문성도 쌓지 못하게 됐습니다. 그래서 똑똑하던 사람들도 멍청이가 되는 겁니다. 재벌 대기업 직원이 공무원보다 훨씬 유능해 보이고요. 이건희 회장이 이런 말을 했지요. 기업은 이류, 관료는 삼류, 정치는 사류라고. 정치뿐 아니라 정부도 하류로 보이는 겁니다.

기득권 세력은 공무원뿐 아니라 노조와 시민사회단체에도 손을 뻗고 있습니다. 빨갱이나 불순세력이라고 엄청욕을 하지요. 박근혜 전 대통령은 시위하는 사람들을 IS (Islamic State)에 비유하기도 했고요. 노조가 임금과 근로조건을 끌어올리자고 하면 귀족 노조가 되어버리고, 공영방송 노조가 임금과 근로조건 대신 공공성을 강화하자고 하면 불법세력, 불순세력이라며 구속하거나 해고합니다. 기득권 세력 탓에 노조와 시민사회단체가 약해지는 겁니다.

기득권 세력의 주머니가 돈으로 두둑해지고 창고가 의자로 가득 차는 반면, 정부와 시민사회와 노조는 허약해지고 있습니다. 시민들은 주인이 되기는커녕 자기 의자도 없이 떠돌고 있지요. 이게 시민이 관객이 되어버린, 가상 정치가 발을 딛고 있는 현실입니다.

연극이라도 해서 일단 당선되어야 권력을 쥐고 세상을 바꿀 수 있지 않겠냐. 제가 이런 조언을 참 많이 들었고, 아직도 이에 대해 고민하고 있습니다. 고민은 계속되지만 이제는 달라져야 한다고 생각합니다. 처음부터 연극으로 시작하면 끝까지 연극일 가능성이 높기 때문입니다. 연극을 하다가 도중에 '이게 저의 진짜 얼굴입니다'라고 할 수는 없으니까요. 그래서 저는 시작부터 연극과는 다른 정치를 해보고 싶습니다.

제가 하려는 정치에 참고할 롤모델이 있지는 않습니다. 저도 아직 경험이 적어서 실패할 수도 있겠지요. 그럼에도 도전하고 싶습니다. 실패한다 해도 그 경험 또한 강연이나 책으로 남겨서 다음 사람이, 또 다음 사람이 도전할 수 있게 해야 한다고 생각합니다.

저의 이런 결심은 필리버스터, 바로 시민들이 저에게 준 선물을 경험하면서 더 굳어졌습니다.

필리버스터,
변화의 시작

　시민이 사라진 민주주의, 연극과 같은 정치라는 현실 안에서 저는 부족하지만 노력하고 도전했습니다. 그런데 제가 노력할 때마다 말하지 말라는 충고를 어기게 되더라고요. 기존의 틀 안에서 포스트 민주주의를 벗어나기란 쉽지 않았지요.

　그러던 중 2016년부터 조금씩 희망이 보였습니다. 민주주의에 시민들이 돌아오기 시작한 것입니다. 더 이상 관객이 아닌 참여자로서 말이지요.

　변화의 시작은 2016년 2월에 테러방지법을 저지하기 위해 열린 필리버스터였습니다. 애초에 민주당 의원총회에서는 필리버스터를 하지 말자는 의견이 다수였습니다.

당시 필리버스터를 두고 3시간을 토론했는데요, 하지 말자는 이유가 있긴 했습니다. 테러방지법에 문제를 제기한들 세상이 근본적으로 바뀌지 않고, 게다가 총선이 코앞이었기 때문입니다.

그때가 2월이었는데 여론조사 결과를 보면 4월 총선에서 새누리당이 170석을 차지한다고 나왔습니다. 총선 예상이 그렇게 절망적인데 만약 필리버스터를 한다면, 게다가 저 같은 사람이 나선다면, 조중동이나 종편이 빨갱이라고 욕하며 야당이 발목을 잡는다고 공격할 것이고, 그 때문에 새누리당이 순식간에 200석을 차지할지도 모른다는 위기감이 강했지요.

새누리당 의석수가 200석이 넘어가면 야당이 힘을 합쳐도 개헌을 막을 수 없게 됩니다. 의원총회에서도 필리버스터에 반대하는 의원들이 저에게 책임질 수 있느냐고 물어봤습니다. 아주 현실적인 질문이었지요.

그러면 왜 결론이 뒤집어졌을까요? 제가 아주 설득을 잘해서일까요? 아닙니다. 저는 필리버스터에 찬성했지만 반대하는 분들을 설득하지는 못했습니다. 여러분 덕분입니다. SNS와 언론이 필리버스터로 들끓은 덕입니다.

우선 야당이 필리버스터를 한다는 소문이 쭉 돌았습니다. 그러자 '필리버스터가 뭔데?' 하는 질문이 SNS를 달궜지요. 그때만 해도 필리버스터는 아주 생소했으니까요. 필리버스터가 무엇이고, 세계 최장 기록이 얼마고 하는 정보가 무섭게 퍼져나갔습니다.

마지막 결정타로 필리버스터 첫 번째 연사가 김광진 의원이라는 말이 나왔습니다. 아주 정확하게 본 겁니다. 필리버스터에 적극적으로 찬성하면서 아무런 준비 없이 연단에 오를 수 있는 사람은 정보위원회에서 3개월간 테러방지법을 다룬 김의원밖에 없었으니까요.

그런 상황에서 필리버스터를 하면 안 된다고 말할 수 있는 국회의원이 있을까요? 그랬다가는 온갖 비난을 받으며 표가 떨어질 수도 있는데요. '두고 보자, 어쩔 수 없다'로 의원총회의 결론이 뒤집어졌습니다.

저는 지금도 필리버스터에 참여한 모든 의원들에게

감사를 드립니다. 특히 처음부터 필리버스터에 적극적으로 찬성했던 6명의 의원에게는 정말 감사드리고요. 필리버스터를 하겠다고 지역구에서 비행기를 타고 날아오신 분도 계신데 역시 무척 고맙습니다. 하지만 가장 감사드리는 분들은 시민들, 바로 이 자리에 계신 여러분입니다. 여러분이 정치를 바꾼 겁니다.

필리버스터 첫 번째 주자는 김광진 전 의원이었지요. 저희 당의 두 번째 주자는 반대파를 설득할 재주도 없으면서 찬성한 저였습니다. 주장을 했으니 책임을 져야 했지요. 걱정이 없던 것은 아닙니다.

저는 환경노동위원회 소속이었던 탓에 테러방지법에 관해 전문적으로 알지 못했습니다. 준비를 해야 했는데 모든 보좌진이 지역구에 내려가 있었고 시간도 부족했지요. 그래서 페이스북에 긴급 공지를 했더니, 수천 개의 댓글이 달렸고 수백 건의 자료가 올라왔습니다. 그것들을 모아서 자료를 만들고, 평소에 제가 하고자 했던 말을 이번에 실컷 하자는 심정으로 연단에 섰습니다.

어떻게든 시간을 끄는 것도 목표였습니다. 제가 오래 잘 버텨야 그사이에 다른 의원들이 저처럼 급하게나마 준비할 수 있고, 또 선뜻 나서지 못하거나 반대했던 분들도 참여할 수 있으니까요.

생리현상이 걱정되어 오후 6시부터는 물조차 입에 대지 않았습니다. 그러면서 마음을 비웠지요. 필리버스터가 끝나면 조중동과 종편한테서 공격받아 낙선할 것이라는 이야기를 숱하게 들었던 터라 보좌진과 지지자들에게 미안한 마음도 들었지만 어쩔 수 없다고 여겼습니다.

제가 시작한 시간이 새벽 2시 반이라 보는 사람도 거의 없을 텐데 하는 생각도 떠올랐습니다. 하지만 국회에 들어간 지 4년째 되도록 국민과 제대로 소통해본 적이 단 한번도 없었기 때문에 아무도 듣지 않더라도 그동안 해왔던 말들, 하고 싶었던 말들을 마음껏 해보자 하는 마음이 더 강했지요. 보거나 듣는 사람이 단 1명이라도 있으면 좋겠다, 그렇게라도 소통하고 싶다, 이런 간절함만으로 가득했습니다.

저는 의원 생활 내내 스스로 잘하고 있다는 생각을 해본 적이 없습니다. 다른 의원들의 후원금 계좌가 꽉 찰 때 저는 반타작도 어려웠지요. 늘 제가 무력하고 잘못하고 있고 실패할 거라는 생각을 하면서 싸웠습니다.

가장 후회한 건 국민을 위해 일하겠다고 각오했는데 한번도 국민들의 곁에 가보지 못했다는 사실이었습니다. 앞서 말한 인지도만 해도 제가 얼마나 국민과 멀어져 있었는지 알려주었지요. 그랬는데 필리버스터가 생긴 겁니다.

그래서 저는 필리버스터 연단에 올라가면서 마지막이라고 마음먹었습니다. 그때껏 본회의장에서 인권과 존엄을 이야기하면 새누리당 의원들로부터 그럴 거면 월북하라는 말이나 들었지만, 세월호 참사도 메르스(MERS) 사태도 제대로 대처하지 못한 채 무능력하고 무기력하게 임기를 마치겠지만, 그래도 필리버스터가 옳다고 생각했습니다.

그 덕에 외려 홀가분하기도 했습니다. 이번이 마지막이니 원 없이 해보자, 그간 하고 싶었던 이야기들을 끝까지 버티면서 말해보자, 이렇게 결심했지요.

결과는 여러분도 아시다시피 해냈습니다. 여기 오신 분들 중 몇 분이나 보셨을지는 모르겠지만, 저에게 그런 기회를 만들어준 건 여러분입니다. 여러분 덕분에 제가 필리버스터 하면 떠오르는 의원이라는 영예를 갖게 된 것입니다.

누군가는 필리버스터가 총선 승리에 영향을 끼쳤다고 합니다. 저 역시 그렇게 생각합니다. 비록 저는 낙선했지만 20, 30대의 투표율이 올라간 것, 깊고 강한 정치 불신이 조금이나마 사라진 것은 필리버스터의 영향입니다.

얼마 전에 대학원생 몇 분을 만났는데 이렇게 말하더라고요. 필리버스터를 보기 전까지는 자유나 정의를 갈망하는 우리가 이상한 사람인가 싶었는데 아니구나, 우리가 정상이구나, 했다고요. 그런데 저도 그랬습니다.

4년간 정치를 하면서 내가 비정상인 건지 내가 잘못하고 있는 건지 매번 물었는데, 필리버스터 이후에 처음으로 아니라는 답을 얻었습니다. 시민들의 생각도 저와 비슷하다는 것을 알게 되었지요. ET와 조우한 지구인의 느낌이 이럴까 싶더군요.

물론 필리버스터만으로 시민이 사라진 정치가 변하지는 않았습니다. 이제는 모두 알고 있지요. 저를 비롯해 많은 사람이 필리버스터에 흥분해 있었을 때조차도 실제 정치는 밀실에 숨은 비선세력에 의해 좌지우지되고 있었다는 사실을 말입니다.

정치인으로서 이번 국정농단 사태를 보며 정말 마음이 아팠습니다. 도대체 이 지경이 될 때까지 정치는 무엇을 했을까, 나는 무엇을 했을까 하고 말입니다. 저는 정말 최순실을 비롯한 비선세력을 몰랐습니다. 있을 수 없는 일이지요. 정치를 한다는 사람이 실제 정치를 아무것도 몰랐으니까요. 저는 그야말로 가상 정치를 하고 있었던 셈입니다.

포스트 민주주의가 우리만의 현상은 아닙니다. 콜린 크라우치(Colin Crouch)라는 사회학자가 쓴 『포스트 민주주의』라는 책이 있습니다. 10여 년 전에 쓰인 책이지만 오늘날에도 적용되는 내용을 담고 있지요. 제가 여태 설명한 것도 이 책을 많이 참고했습니다.

전세계적으로 시민은 가상 정치에 끌려들어가고, 정치인은 판촉행사를 열고, 실제 정치는 기득권 1퍼센트가 밀실에서 진행하는, 이런 현상을 설명하는 책입니다. 우리나라는 좀 심하게 일어났을 뿐이지요.

지금까지 하청 사회와 시민이 사라진 민주주의를 말씀드렸습니다. 많이 암담하지요? 그럼에도 불구하고 여러분의 시대는 옵니다. 우리는 미래를 향해 이미 걸어가기 시작했습니다. 정말 다행스럽게도 우리 사회에는 희망의 싹이 텄습니다.

10시간
18분의
기적

우리 사회에 튼 희망의 싹을 어떻게 키울지 이야기하기에 앞서, 잠시 과거로 돌아가겠습니다. 제가 필리버스터 때 10시간 18분 동안 발언했는데요, 그중 마지막 5분을 여러분께 들려드리려고 합니다. 인터넷에서 동영상으로 보신 분들도 있겠지요. 이미 꽤 지난 일이지만, 제가 평소에 생각하는 정치의 핵심이 담겨 있기에 굳이 반복해서 말씀드리겠습니다.

필리버스터를 시작하면서 김대중 대통령 말씀을 드렸지요. 김대중 전 대통령께서는 1964년 4월 20일에 동료 국회의원이 구속되는 것을 막기 위해 필리버스터를 이용해 5시간 19분 동안 연설하셨습니다. 결국 구속을 막아내셨지요. 그렇게 동료가 구속되는 걸 막고 그 이후에도 계속 평화와 민주주의를 위해서 싸우셨습니다.

저와 김대중 전 대통령의 유일한 인연은 1971년에 있었습니다. 당시 장충단공원에서 수만 명의 청중을 앞에 두고 김대중 전 대통령께서 연설을 하셨지요. 그때 저는 겨우 아홉 살, 아주 작은 아이였습니다. 제가 기억하는 것이라고는 사람이 너무 많은 데다 더워서 죽을 것 같이 힘들었다는 겁니다. 나중에서야 제가 어떤 자리에 함께했는지 알게 되었지요.

아주 어릴 때 인연이 있어서인지 정치인이 된 뒤로 가끔 김대중 전 대통령을 떠올리곤 합니다. 별다른 이유는 없고 그냥 떠오릅니다. 어떻게 그 오랫동안 고문과 불안과 싸우며 한 치 앞도 알 수 없는 정치를 계속하셨을까? 그분이 정치를 하시게 된 동력은 무엇일까? 이런 점을 궁금해했지요.

정치를 하기 전에 저는 김대중 전 대통령이 매우 강

하고 용감한 분일 거라고 상상했습니다. '강하고 용감하니까 그렇게 앞장서서 투쟁했겠지' 하고 혼자 지레짐작을 했지요. 그런데 그렇지 않았습니다.

김대중 전 대통령이 노년에 말씀하신 게 있는데요, 제가 정치 관련 강의를 하면 항상 그 말을 인용합니다.

우리는 아무리 강해도 약합니다. 두렵지 않기 때문에 나서는 것이 아닙니다. 두렵지만 나서야 하기 때문에 나서는 것입니다. 그것이 참된 용기입니다.

저는 참된 용기를 가진다는 것과 그 용기를 가진 이유가 정치인에게 매우 중요하다고 생각합니다. 특히 저처럼 비례대표에 초선인 의원에게는 더욱더 중요하지요. 그래서 저는 제가 어떤 자리에 서야 하는지, 혹은 더 용기를 내야 하는지 끊임없이 스스로에게 질문을 던집니다.

자문자답 끝에 내린 결론은 세상을 바꾸고 싶다는 제 마음이 20대 때보다 지금 더 간절하다는 것입니다. 저는

참된 용기를 가진다는 것과 그 용기를 가진 이유는 정치인에게 매우 중요합니다.

더 이상 우리나라 20대들의 삶이 누구를 밟거나 누구에게 밟히는 경험으로만 채워지지 않길 바랍니다.

제가 네이버에서 '청년'을 검색해봤습니다. 관련 검색어 1위가 '알바'일 거라고 생각했는데, '글자 수 세기'더라고요. 이 이야기를 20대들에게 들려주면 다들 웃습니다. 최소 한 번, 많으면 수십 번씩 입사 지원서를 제출하는데, 회사들마다 자기소개서의 글자 수가 1000자 이내, 2000자 이내로 다르지 않습니까? 청년들은 그때마다 글자 수를 세어주는 프로그램을 돌려봅니다. 그래서 제 이야기에 공감한 것이지요.

청년 하면 가장 먼저 떠오르는 단어가 젊음도 정열도 축제도 사랑도 욕망도 아니고, 글자 수 세기입니다. 20대들이 그런 식으로 살게 해서는 안 됩니다. 특히 인권과 권리를 보장해주는 것이 중요합니다. 자신의 인권과 권리를 보장받지 못하면 이 가치들이 얼마나 중요한지 모르기 때문에 타인의 인권과 권리 또한 지켜주지 못하게 됩니다. 우리의 미래가 그렇게 되어서는 안 됩니다.

저는 지금껏 살면서 대한민국을 바꾼 커다란 흐름에 동참해봤습니다. 제가 젊은 시절 대한민국을 바꾸겠다고 마음먹었던 것은 우리의 아이들이 저보다 훨씬 찬란한 세상을 향해 날아갈 것이라고 믿었기 때문입니다. 제가 처음 대학에 들어가서 봤던 것은 전투경찰로 상징되는 독재였습니다. 2학년이 되니 '누가 죽었다더라, 누가 강간을 당했다더라' 하는 소문들이 들려왔지요. 그때는 이런 상황을 넘어서면 더 이상 누구도 아픔을 겪지 않는 더 나은 미래가 열릴 거라고 믿었습니다.

2007년에 제가 정말 가슴 아픈 일을 겪었습니다. 당시 세종문화회관에서 6·10 민주항쟁 20주년 기념식이 열렸는데요, 저는 그때 기념식장 건너편에서 비정규직 노동자들과 모임을 갖고 있었습니다. 민주항쟁 20주년 기념식 현수막을 보니 문득 이런 생각이 들더군요. '여기 지금 나와 함께 있는 비정규직들, 먹고살기 힘든 분들에게 1987년은 도대체 어떤 의미일까? 이분들의 부모님 또는 자기 자신이 그날 그 자리에 있었을지도 모르는데…' 하고 말입니다.

그제야 참으로 많이 반성했습니다. 저는 어쨌든 세상이 민주화하는 데 조금이나마 기여했다, 할 만큼 했다, 이렇게 생각했는데 그렇지 않았던 것입니다. 민주화했다는 세상에서 누구는 비정규직으로, 누구는 청년 실업자로 살아가고, 누구는 아예 스스로 목숨을 끊기도 합니다. 그래서 다시 세상을 바꿔야겠다고 마음먹었습니다.

제가 왜 굳이 대테러방지법과 관련도 없는 이야기를 하냐면, 사람은 밥만 먹고 사는 존재가 아니기 때문입니다. 밥 이상의 것을 서로 배려하는 존재가 사람입니다. 그래서 헌법이 있는 것이고요.

왜 헌법에 일자리, 노동, 복지를 국민에게 제공한다는 것에서 나아가 언론의 자유, 집회의 자유, 인권 불가침, 행복할 권리 등이 쓰여 있겠습니까? 인간이 그런 존재이기 때문입니다. 밥만 먹고 사는 존재가 아니기 때문이지요.

누군가는 이렇게도 말합니다. '대테러방지법이 생겨도 사람들이 밥은 먹고 살겠지'라고요. 다시 말씀드리지만 헌법에 보장된 시민, 즉 주인으로서의 국민은 밥만 먹고 사는 존재가 아닙니다. 언론의 자유와 표현의 자유를 누려야 하며, 그 어떤 억압으로부터도 자유로울 수 있어야 합니다.

가장 중요한 것은 자기 운명을 스스로 선택할 수 있어야 한다는 점입니다. 대테러방지법은 그런 자유를 뺏을 수 있는 법이라고, 그런 의혹이 있는 법이라고 누차 얘기했습니다. 끊임없이 주장하면서 제발 다른 목소리를 들어 달라고 얘기했지요.

박근혜 대통령이 국민을 위해서 일하고 있다면, 저는 그것을 부정하지 않습니다. 저와 마찬가지로 국민을 위해 일하지만 방향이 다를 수 있으니까요. 그러니 저와 박근혜 대통령이 다름을 인정하고, 여당과 야당이 다름을 인정하고, 제발 얘기를 해보자. 어떻게 하면 사람이 사람답게 단 한 명도 인권을 훼손당하지 않으면서 자기 운명을, 자기 삶을 스스로 선택하는 존재가 될 수 있을지 얘기해보자는 겁니다.

2012년 이후 지속적으로 박근혜 정부에 이런 요구를

했다고 생각합니다. 대테러방지법을 포함한 모든 법안에 대해서 말입니다.

제가 그렇게 요구했지만, 박근혜 대통령은 유능한 분이고, 저는 무능한 탓에 항상 발목을 잡는 사람으로 소개되었지요. 그럼에도 저는 포기하지 않습니다. 왜냐하면 저의 주인이신 국민이 살아가야 하니까요.

국민은 절대 제가 포기할 수 없는 존재입니다. 저에게는 돌아갈 자리가 있을지도 모르지만, 먹고살기 어려운 국민들에게는 그런 자리가 없습니다. '헬조선'을 외치는 청년들은 둥지가 없어 도망칠 수밖에 없는 사람들입니다. 정치도, 정치를 하는 사람도 자기 둥지를 부숴야 합니다. 저는 김대중, 노무현 대통령이 그렇게 자기 둥지를 부수면서 국민과 함께하려고 노력했던 분들이라고 생각합니다.

물론 저는 대한민국 국민을 믿습니다. 이 법이 통과되더라도 언젠가는 국민들이 다시 바꿀 수 있으리라고 믿습니다. 하지만 국민들이 바꾸기 전까지 또 누군가는 이 법으로 고통을 받을지도 모릅니다. 그래서 제발 다시 한번

부탁드립니다. 단 한 사람이라도 덜 고통스러울 방법을, 그런 방법을, 제발 정부와 여당이 찾길 바랍니다.

사람을 위하는 정치, 약자를 위하는 정치에는 야당도 여당도 없고 보수도 진보도 없습니다. 오직 국민만을 생각하면 됩니다.

박근혜 대통령이 청와대에서 생각하는 국민과 제가 현장에서 뵙는 국민이 그렇게나 다르다면, 어떻게 해야 같이 살 수 있을지 제발 생각했으면 합니다. 부디 피를 토한다든지 목덜미를 문다든지 하는 날 선 표현은 삼갔으면 합니다. 어떻게 하면 화해하고 사랑하고 함께할 수 있을지, 어떻게 하면 응원하고 격려하면서 힘을 내게 할지, 이런 것들을 고민했으면 합니다. 이 이야기를 끝으로 저의 필리버스터를 마칩니다.

믿음이
다른 미래로
이어진다

미국 잡지 『타임』은 1927년부터 매년 올해의 인물을 뽑고 있습니다. 첫 번째는 미국의 비행사 찰스 린드버그였지요. 가끔 한 사람이 아닌 집단을 선정하기도 하는데요, 2006년에 선정했던 올해의 인물이 의미심장합니다. 바로 유(YOU), 당신이었지요. 유(YOU)는 우리라고도 번역할 수 있습니다. 인터넷으로 정보를 만들고 공유하는 수많은 사람을 가리킨 말이라고 하지요.

이에 동의하지 않는 사람들도 많습니다. 정보의 홍수 속에서 여전히 우리를 통제하는 것은 우리가 아니라 저들, 기득권 세력이지 않느냐고 말입니다. 하지만 저는 당시 『타임』의 표지에 깊은 감명을 받았습니다. 세상을 움직

2006년 올해의 인물로 '당신(YOU)'을 발표한 『타임』의 표지.

이는 건 몇몇 잘난 이들이 아닌 모든 사람이라는 의미는 그 자체로 중요했으니까요. 그리고 필리버스터를 한 뒤 다시 그 표지를 떠올렸습니다. 바로 우리, 온라인에서 함께했던 우리를 그때 느꼈기 때문입니다.

그러고 보면 2016년에는 참 많은 일이 있었지요. 필리버스터, 야당이 승리한 20대 총선, 국정농단 사태, 그리고 촛불까지. 돌이켜보면 1년 사이에 일어난 일들이라고는 믿기지 않습니다. 대한민국에서 2016년의 인물을 뽑는다면 누가 좋을까요? 박근혜 전 대통령? 혹은 야당 대선후보?

저는 『타임』의 선택을 따라 하겠습니다. 당신, 즉 여러분이 2016년의 주인공이었다고 말입니다. 하청 사회와 포스트 민주주의라는 어려운 현실 속에서 주말을 반납하고 거리로 나선 여러분, 바로 촛불이 주인공입니다. 동의하시지요?

제가 이렇게 얘기하면 불안해하는 분들도 많습니다. '광장의 조울증'인데요, 광장에서 촛불을 들 때는 당장이라도 세상이 바뀔 듯한 희망이 가득했다가 일상으로 돌아가면 희망이 확 사라진다는 겁니다. 촛불집회가 한창일 때 월요일마다 SNS에서 이런 말들을 자주 들었습니다. 대통령이 끝까지 버틸 것 같아요, 혹시 계엄령이 내려지면 어쩌죠, 대통령이 물러나면 뭔가 바뀌긴 할까요 등등. 평범한 일상으로 돌아가니 불안한 겁니다. 수십 년간 일부 사람들이 독차지한 실제 정치 대신 시민이 주인인 정치를 할 수 있을지 믿기 어려운 겁니다. 처음에는 크게 성공할 줄 알았는데, 갈수록 저편이 너무 강해 보이니 세상이 과연 달라질까 회의가 드는 것이지요. 매우 타당한 불안과 의문입니다. 그래서 저도 어떻게 해야 이런 불안을 해소할 수 있을지 고민을 많이 했습니다.

제 생각을 말씀드리자면, 여러분 스스로를 좀더 믿으세요. 여러분은 기적을 이뤘습니다. 수개월간 촛불을 든 시민은 박근혜 전 대통령을 탄핵했습니다. 내 삶조차 바꾸기 어렵다던 사람들이 세상을 바꾸겠다는 꿈을 꾸기 시작했습니다.

SNS에서 저에게 호소한 분들께도 똑같은 말씀을 드

렸습니다. 저는 제 자신을 믿고 여러분을 믿습니다. 그러니 여러분도 서로서로를 믿으세요. 우리가 끝내 이길 겁니다. 믿음이 강할수록 미래가 바뀔 확률이 커집니다.

대책 없이 낙관적인가요? 제가 보기보다 낙관적인 사람입니다. 저를 조금이라도 겪어본 분들은 전부 왜 그렇게 낙관적이냐고 물어볼 정도지요. 자랑은 아니지만 제가 고생을 하긴 했습니다. 6년 동안 수감되기도 했고, 수술을 두 번 받아서 장을 50센티미터 잘라내기도 했으니까요.

실패하면서 겪은 두려움과 아픔은 살갗 밑에 쌓여서 없어지지 않습니다. 그래서 저는 두려움도 많은 사람입니다. 실패할 것 같은 상황에 놓이면 예전 기억이 되살아나서 더더욱 무서워지지요.

하지만 저는 승리를 경험한 세대이기도 합니다. 제가 한창 운동하던 20대에 이뤄진 게 1987년 민주화입니다. 그때도 제 주변에서는 계란으로 바위 치기나 다름없다며 말렸습니다. 당시 국민운동본부의 정식 명칭이 '민주헌법쟁취국민운동본부'였는데요, 민주헌법이란 게 우리 손으로 대통령을 뽑겠다는 의미였습니다. 온갖 고생 끝에 대통령 직선제를 얻어냈지요. 물론 직선제의 결과가 성공적이었다고 보기는 힘들지만요.

그럼에도 불구하고 그때 경험한 승리가 저에게는 두려움을 이겨내는 큰 힘이 되었습니다. 게다가 제 친구들이 당한 거에 비하면 저는 그나마 괜찮은 편이었고요. 죽지도 않았고, 성폭행을 당하지도 않았으니까요. 저는 서른다섯 살에 출소하면서 이후의 삶은 덤이라고 생각했습니다. 힘들었지만 바닥까지 좌절하지는 않았고 승리도 해봤기 때문에 항상 낙관적이고 기운이 생생할 수 있지요.

저처럼 작더라도 이겨본 경험이 있다면 살갗 밑에 두려움이 쌓여 있어도 극복할 수 있습니다. 그러면 이렇게 반문하는 분들이 계시죠. '우리는 승리한 적이 없는데 어떡하나요?' 하고 말입니다. 왜 없습니까, 이미 많이 승리했습니다.

필리버스터부터 총선과 촛불까지 모두 승리한 겁니다. 앞서도 말씀드렸지만 정치인과 관료가 앞장서서 움직인 게 아닙니다. 모두 여러분이 일으킨 변화지요. 그러니 앞날을 너무 불안해하지 않았으면 합니다.

죽 쑤어 개 줬다고 생각할 필요는 전혀 없습니다. 변화는 이제 막 시작되었고, 지금도 계속 일어나고 있으니까요. 결과가 어떻게 될지는 아무도 알 수 없습니다. 지금까지의 일들을 충분히 기뻐하고 앞으로도 계속 변하리라고 믿길 바랍니다.

그리고 믿음과 더불어 중요한 것이 '현재 무엇을 하느냐'입니다. 그 무엇이 특별한 행동은 아닙니다. 지금 당장 해야 하는 것도 아니고요.

2016년 8월쯤 제 강연을 듣던 고3 수험생이 이렇게 말했습니다. 강연을 들어 좋았지만 듣는 내내 내가 왜 시험공부를 하지 않고 여기에 있나 하는 불안감에 시달렸고, 그러는 자신이 비겁하게 느껴졌다고요. 전혀 비겁하지 않습니다. 시험공부도 해야 합니다. 그걸 왜 안 합니까.

저는 강연하면서 더 좋은 정치를 하고 대입 수험생은 시험공부를 열심히 하다가 시간이 맞을 때 만나면 됩니다. 선택 가능한 순간이 있어요. 다만 지금이 아닐 뿐입니다. 그때까지 저와 비슷한 선택을 한 사람들이 자기의 역할을 하면 됩니다. 여러분은 언젠가 그 길에 함께해주시면 되고요.

시민이 싸운 것 이상으로 정치가 싸울 것이고, 정치가 싸움을 결단할 수 있도록 제가 노력할 겁니다. 여러분이 제게 그러기를 요구하고 있으니까요. 이렇게 소통하고 반응하며 함께하는 모든 과정은, 정치가 시민의 곁에 서겠다고 용감히 결단하게끔 유도하는 과정이기도 합니다. 여러분이 정치를 이끄는 것이지, 정치가 여러분을 이끄는 것이 아니라는 점을 꼭 명심해주세요.

결과는 아무도 예측할 수 없기 때문에 저는 실패할지도 모르지만 결국은 우리가 이깁니다. 다시 한번 강조하지만 스스로를, 서로를 믿어야 합니다. 그 믿음이 미래로 이어집니다. 비록 지나친 낙관이라고 하더라도 미래를 불안해하기보다는 희망을 품길 바랍니다.

헌법이
지켜지는
사회를 위해

　제가 믿고 함께하는 과정을 강조하면 답답해하는 분들도 계십니다. 그래서 어느 세월에 세상이 바뀌느냐고, 이미 정권 교체를 해봤지만 아무것도 바뀌지 않았다고요. 사실 누구나 세상은 단번에 바뀌지 않는다는 사실을 알고 있을 겁니다. 역사 교과서에 실린 혁명들도 수십 년 동안의 변화가 쌓인 끝에 사회가 변한 것이었지요.

　현실이 워낙 이상하니 빨리 변하길 바라는 마음은 이해하지만, 냉정하게 판단해야 합니다. 대선에서 정권이 교체된들 모든 것이 바뀌지는 않습니다. 틈새와 여지가 생길 뿐이지요. 즉 악어의 입을 벌리는 것 정도가 대선이 끌어낼 수 있는 최대한의 변화입니다. 그 악어를 죽이는 변화는 대선 이후 우리의 행동이 결정하지요. 그래서 대선 이후가 더욱 중요합니다.

악어의 입을 벌린 후에 입안에 창이라도 꽂아넣지 않으면 금세 다시 다물겠지요? 정치도 똑같습니다. 대선으로 틈새를 만들었으면 그 틈을 계속 벌려나가야 하지요. 그러지 않으면 정치도 과거로 돌아갑니다. 틈새와 여지가 생겼을 때 우리가 더 행동해야 합니다. 공영방송이 부활하고, 노동권이 존중되고, 양극화가 조금씩 줄어들 가능성, 그런 틈새와 여지가 보일 때 각자의 자리에서 할 일을 해야 합니다.

무엇보다 정치가 더 용감하게 결단을 내려야 합니다. 일부 기득권만을 위한 정치가 아닌 모두를 위한 정치가 되어야 하지요. 손댈 게 한두 곳이 아닌데 무슨 일부터 해야 할까요? 재벌, 언론, 사법, 노동권 등 의견이 다양한 것 같습니다.

개인적인 생각을 말씀드리자면, 저는 요즘 '국민기본선'(National Minimum)에 열중하고 있습니다. 국민기본선이란 호주에서 나온 개념인데요, 쉽게 말해 헌법조항 중 가장 기본적인 것을 실생활의 규칙으로 만드는 것입니다.

헌법은 시민으로서 누려야 하는 가장 기본적인 선을 보장하는 내용들로 이뤄져 있지요? 문제는 헌법에서 보장하는 기본선이 현실에 적용되지 않는다는 것입니다. 일단 헌법부터 지키자는 게 국민기본선의 핵심 내용입니다.

국민기본선의 예를 들어볼까요? 앞서 400만 명이 사회보험의 사각지대에 놓여 실업급여를 받지 못한다고 했지요. 이처럼 일을 하지 못하거나 일자리를 찾는 사람들에게 나라에서 최저임금의 80~90퍼센트를 다섯 달 정도 지급할 수 있습니다. 19대 국회 때는 한 달에 1인당 50만 원씩, 다섯 달 정도를 생각했는데요. 1인당 250만 원으로 잡고, 사회보험도 없이 일하는 400만 명 중 실직자가 10퍼센트라고 치면 40만 명, 그럼 연간 최대 1조 원이 듭니다. 그것을 두 배로 올리면 약 2조 원이고요. 이런 수당을 청년부터 주기 시작하자는 게 청년수당인데 몇천억 원 수준입니다.

사실상 예산이 많이 들지는 않습니다. 그럼에도 이조차 난색을 표하는 분들이 있는데, 필요한 예산은 해마다 줄어들 것입니다. 사회보험에 가입한 괜찮은 일자리가 많아지면 세금으로 실업부조를 주는 일자리는 줄어들고 노동자가 직접 사회보험료를 낼 수 있는 여지가 커지기 때문입니다.

또 최저임금을 1만 원까지 올리는 것만큼이나 최저임금 자체가 지켜지는 것 역시 중요합니다. 일을 하면 무조건 최저임금보다는 많이 받도록 해야 하지요. 그러면 최저임금도 못 받고 일하는 200만 명, 야간수당도 주휴수당도 못 받는 사람들이 사라집니다.

여러분, 생각해보세요. 내가 다른 분야에 도전해서 실패해도 최저임금 1만 원은 벌 수 있는 일자리가 있고, 일자리를 찾지 못해도 몇 달은 실업부조나 수당으로 버틸 수 있다, 그러면 한번쯤은 더 꿈에 도전해볼 만하겠지요.

국민기본선의 두 번째 예는 노동조합입니다. 우리나라의 노조 조직률이 낮은 것은 유명하지요. 한국비정규노동센터의 2016년 분석에 따르면 정규직의 노조 조직률은 20퍼센트이고, 비정규직은 1.8퍼센트에 불과합니다. 사실상 비정규직 노조는 없는 셈입니다. 저는 비정규직의 노조 조직률이 최저 10퍼센트까지는 올라와야 한다고 봅니다. 그래야 조직력을 갖고 노동권을 요구할 수 있습니다.

비정규직 노조는 어렵다고요? 정부가 부당노동행위만 제대로 규제해도 노조 조직률은 빠른 속도로 증가할 겁니다. 그렇게 여러분이 노조를 조직해서 불합리한 해고를 없애고, 산업재해를 줄이고, 아르바이트생이 주휴수당을 받게 해야 합니다. 외국처럼 자영업자 노조를 만드는 것까지는 힘들지 모릅니다. 하지만 근로계약을 맺거나 그러지 않더라도 노동자와 비슷하게 일한다면, 누구든 자유롭게 연대할 수 있어야 합니다.

실업급여와 비정규직 노조 모두 입법을 하지 않더라도 실현할 수 있습니다. 최저임금과 노조 조직은 헌법에서도 보장하고 있으니까요. 그저 행정부가 헌법에 쓰인 내용이 현실에 잘 적용되도록 관리하면 되는 일입니다.

만약 영세 자영업자들이 최저임금 지급을 부담스러워한다면 자영업자들에게 사회보험을 적용해주거나 재벌 기업이 골목 상권을 침범하지 못하도록 보호해주면 되지요.

지켜야 하는 국민기본선은 그 밖에도 많습니다. 1주에 최장 52시간 근로 준수, 국민의 생명과 안전 보장 같은 것들은 당연한 일들임에도 현실에서 제대로 지켜지지 않고 있지요. 국민기본선이 하나둘씩 지켜진다면 나중에는 국민이 직접 새로운 기본선을 제안할 수도 있을 겁니다.

국민기본선이 중요한 이유는 사람들에게 '타고난 자유와 권리'를 일깨우기 때문입니다. 모든 사람은 존엄하며 불가침의 인권을 지닌다는 헌법의 문구가 비로소 현실에 적용되는 셈이니까요. 그러면 정규직, 비정규직, 하청 직원, 아르바이트생까지 시민으로서의 자유와 권리를 누릴 수 있게 됩니다. 노조에 가입하거나, 자신의 의견을 내거나, 집회에 참여하는 일을 자유롭게 선택하게 되지요. 그리고 어떤 선택을 내리든 불이익을 받지 않을 자유 역시 보장되어야 하고요.

처음에 나왔던, 아르바이트생이 "저도 촛불을 들 수 있을까요?"라고 물었던 질문의 해법을 국민기본선에서 찾을 수 있습니다. 국민기본선이 지켜지면 이런 물음 자체가 없어지기 때문입니다. 최소한 누구든 촛불은 들 수 있지요. 거듭 말하지만 대단한 일이 아닙니다. 이미 있는 헌법을 지키면 됩니다.

그러면 왜 여태 헌법조차 제대로 지켜지지 않았을까요? 기득권을 쥔 이들이 방해했기 때문입니다. 특히 재벌에게는 국민기본선이 자신들의 이익을 갉아먹는 눈엣가시 같은 개념입니다. 삼성이 정유라에게 주려던 220억 원만 있으면 배달로 생계를 유지하는 2만 명에게 최소 21년 동안 산재보험을 지원해줄 수 있습니다. 하지만 재벌 대기업은 박근혜 정권에, 최순실에게 돈을 줘서 대대손손 기득권을 유지하고자 할 뿐이지요.

정치가 결단을 내리면 됩니다. 정치가 헌법에서 보장하는 기본적인 권리를 우선하겠다고, 강자가 아닌 약자 옆에 서겠다고 결단해야 합니다. 그리고 새로운 정부는

국가기본선이 지켜지면 최소한 누구든 촛불을 들 수 있습니다.

부디 멋있어보이려 하지 말아야 합니다. 기득권 세력의 공격으로 너덜너덜해지더라도 용감하게 국민기본선을 위해 징검다리를 놓아야 합니다.

　새로운 정부가 많은 것을 하지 않아도 됩니다. 할 수 있는 일만이라도 온전히 해내는 것, 그것이 중요합니다. 새로이 들어서는 정권이 '기본'을 목표로 삼았으면 합니다. 기발한 해결책을 내놓기보다 무너진 기본을 다시 단단하게 세우는 것이지요.

국민만 보는 정권,
모든 의견을
품은 정치

안타깝지만 오늘날 한국에서 헌법을 실제 삶의 규칙으로 만든다는 건 보통의 용기로는 할 수 없는 일입니다. 앞서 말했듯 그간 한국에서는 가상의 정치, 기득권의 정치가 이루어졌기 때문이지요. 기존의 공고한 체제에서 벗어나 오로지 국민만 보고 가야 하는데요, 쉽지 않은 길입니다.

얼마나 욕을 먹겠습니까. 복지 예산은 하늘에서 떨어지는 줄 아느냐, 재벌 회장 구속하면 기업 망한다, 갈등만 조장할 거냐, 이런 말들이 나올 게 뻔합니다. 그렇다고 먹고살기 어려운 분들에게서 칭찬을 받기도 힘듭니다. 이분들이 경험할 수 있는 변화가 일어나려면 시간이 걸릴 수밖에 없기 때문입니다. 당장 체감할 수 없는 탓에 왜 아무것도 변하지 않느냐고 할 수 있지요. 정치가 정쟁하느라서민 발목 잡는다는 욕을 또다시 먹을 수도 있습니다.

그래도 새로운 정부는 좌고우면해서는 안 됩니다. 연정이나 연합도 필요하지만 그 역시 헌법이라는 기본을 지키기 위한 수단이어야 합니다. 멋있는 연합정치를 다음 정부가 본격적으로 할 수 있도록 길을 내는 것이 중요합니다. 지금은 국민기본선을 지키고, 불평등을 최대한 줄이고, 서민을 중산층으로 만드는 등의 일들을 함으로써 다수의 국민에게서 신뢰를 얻는 것이 중요합니다. 국민의 신뢰를 얻기 위해서 필요한 것이 재벌 개혁과 공정과 정의입니다. 또한 우리의 미래인 청년 세대가 용기를 갖고 도전할 수 있게끔 징검다리를 놓을 필요가 있습니다. 하나 더 덧붙여서 한반도 평화를 이루는 징검다리까지 놓을 수 있다면 정말 좋겠지요.

정권뿐 아니라 국회도 변해야 합니다. 지금 같은 단순 다수대표제는 그야말로 기득권의 이익을 대변하는 데 최적화되어 있습니다. 다만 저는 지금 당장 개헌하자는 것에는 반대합니다. 적어도 지금은 반대하는데요, 우선 촛불의 의지에 반한다고 생각하기 때문입니다.

애초에 촛불이 개헌하자고 말한 적이 있었나요? 대통령제가 문제라서 국정농단이 벌어진 게 아닙니다. 헌법이 무너졌기 때문이지요. 당장은 개헌보다 글자에 불과한 헌법을 실제 생활의 규칙으로 만드는 것이 중요합니다.

하지만 선거구제는 개편해야 합니다. 지금은 하나의 선거구에서 의원 한 명을 뽑는 소선거구제이지요? 성남시는 4개의 지역구에서 각각 국회의원 한 명씩을 뽑습니다. 저는 이 소선거구제를 중·대선거구제로 바꿔야 한다고 생각합니다.

제가 주장하는 4인 이상 중·대선거구제의 내용은 이렇습니다. 예컨대 성남시 인구가 100만 명 정도 되는데요, 성남시를 하나의 선거구로 두고 100만 명이 투표해서 4명의 대표자를 뽑는 겁니다. 1위부터 4위까지가 국회의원이 되는 것이지요.

사실 중·대선거구제를 하면 저 같은 사람은 공천을 받기 어려울 수 있습니다. 성남에서 4명을 뽑는데 민주당 의원이 3명 있다면 과연 저를 공천할까요? 당내에서도 정치에 맞지 않는 사람이라는 평을 듣는데? 줄을 서거나 연극을 잘하지도 못하는데? 공천을 받기 어려울 수 있습니다.

저에게 불리함에도 중·대선거구제를 찬성하는 이유는 소수 정당이 국회에 들어갈 확률이 높아지기 때문입니다. 소선거구제 같은 각개전투에서는 반드시 1위를 해야 하지만, 4인 이상 중·대선거구제에서는 4위 안에 들어가기만 하면 되니까요. 다만 2인 정도의 중선거구제라면 소수 정당에 별다른 영향이 없습니다.

중·대선거구제가 반드시 좋지만은 않습니다. 비례대표제가 강한 유럽에서는 대부분 소선거구제를 채택하고 있는데, 비례대표의 효과 덕에 소선거구제일지라도 다양한 정당이 정치에 참여하는 다당제가 건강하게 운영되기 때문입니다. 굳이 중·대선거구제를 운영할 필요가 없는 셈이지요.

하지만 한국처럼 비례대표의 역할이 매우 작은 나라에서는 일단 중·대선거구제를 도입하는 것이 효과적이라고 봅니다. 이를 통해 소수 정당이 의석을 차지하면 국회 내에 다양한 목소리가 공존하게 되겠지요.

고인 물은 썩는다고 하듯이 너무 끼리끼리 뭉치면 결국 어딘가 망가지기 마련인데요. 한국과 같은 소선거구제에서는 국회에 다양한 목소리가 나오기 힘듭니다. 물론 양당 구조가 안정적이라는 장점은 있습니다만, 그 안정이 누구의 안정일까요? 결국 기득권 세력의 안정 아닐까요? 그 때문에 지금 같은 소선거구제와 양당 구조를 유지한 채 개헌하는 건 반대합니다.

일부에서 주장하는 내각제 개헌은 한국 사회에 전혀 맞지 않습니다. 기득권 세력이 사회적 약자를 배제한 채 행정부와 입법부를 나눠먹겠다고 하는 것이나 마찬가지지요. 녹색당 같은 환경 정당이나 다른 사회적 약자의 목소리를 대변하는 정당의 참여가 보장된 상황에서 개헌이 이뤄져야 그나마 정치적 다양성의 길이 조금 열릴 겁니다.

물론 저와 의견이 다른 분도 있겠지요. 저는 그런 분들도 저만큼 옳다고 생각합니다. 내 생각이 옳다고 여기는 만큼 다른 분들도 자신이 옳다고 생각한다는 사실을 존중할 때만 토론과 타협이 가능합니다. 그래야 비로소 민주공화국의 다양성이 우리나라에서도 꽃필 수 있게 되겠지요.

새로운 정권도 조만간 결단을 내려야 할 겁니다. 다양한 목소리가 반영되어 정치가 건강해지고 국민의 삶이 나아진다면 꼭 중·대선거구제가 아니라도 괜찮습니다. 소선거구제를 유지하면서 비례대표제를 확대하는 것도 다양한 목소리를 반영하는 또 다른 방식이지요. 다만 그러려면 국회의원 수의 증가가 불가피하고, 비례대표를 뽑는 방식이 전면적으로 바뀌어야 하기 때문에 역시 쉽지 않은 일입니다. 결선투표 도입도 마찬가지입니다. 제가 결선투표를 반대하는 것은 아니지만, 지금 같은 소선거구제로는 결선투표를 도입해도 다양한 목소리를 반영하지는 못합니다.

이외에도 헌법의 기본권을 좀더 강화하는 방향으로 개헌하자는 의견도 있지요. 하지만 개헌을 거론하는 순간, 내각제 등이 전면에 등장하게 됩니다. 그 때문에 저는 어떤 개헌이든 논의에 앞서 국회에 다양한 목소리가 공존하게 하는 선거구제 개편이 이뤄져야 한다고 봅니다.

일상에서도 촛불을 밝히다

지금까지는 큰 틀에서 정치가 어떻게 변혁을 모색할 것인가, 정치적 결단의 문제를 말씀드렸습니다. 하지만 제도정치에 전적으로 우리의 삶, 그리고 정치 그 자체를 맡겨서는 안 됩니다. 시민 스스로 주인이 되어 투표하고 행동하는 일상의 정치, 시민정치가 제도정치와 공존해야 하지요. 그래서 '광장의 촛불을 어떻게 일상으로 옮길 수 있을까?'는 대단히 중요한 질문입니다.

광장의 촛불은 분명 굉장했습니다. 우리 정치에 오랜만에 시민이 전면에 등장했지요. 하지만 무슨 일 있을 때마다 광장으로 나갈 수는 없는 노릇 아닙니까? 시민 각자가 일상에서 정치와 접점을 지니고 늘 감시하면서 의견을 내고 그것을 제도정치에 반영시키는 게 최선일 텐데요. 문제는 지금 한국 정치에 정치인과 일반 시민이 만날 통로가 없다는 것입니다. 그 탓에 시민정치, 일상정치가 붕괴되었습니다.

2004년에 일명 '오세훈 법'이 통과되면서 지구당이 사라졌습니다. 지구당에 문제가 많긴 했지요. 고비용 저효율의 대명사였고, 온갖 부정부패의 온상이기도 했으니까요. 하지만 지구당은 일상적인 정당 활동을 통해 시민과 제도정치를 연계하고, 일상의 공간에 정치를 깃들게 하는 순기능이 있었습니다. 그래서 당시 노무현 대통령도 지구당을 폐지하기보다는 운영을 혁신하는 것이 바람직하다는 의견을 밝히기도 했고요. 그럼에도 정치 불신이 최고조에 달했던 시기라 지구당 폐지를 막지는 못했습니다.

지구당을 폐지하기 전에, 아니면 폐지한 후에라도 대안을 고민했다면 좋았을 텐데 아예 손을 놔버렸지요. 그래서 지금은 중앙정치만 남고 각 정당의 지역위원회는 국회의원이나 원외 지역위원장의 사조직처럼 변해버린 지

오래입니다. 당원과 시민들이 적극적으로 참여하는 활동은 거의 불가능합니다.

지구당도 시민단체도 많이 사라진 지금 지역에서 정치인이 시민과 만나려면 각종 단체에 얼굴을 내밀고 인사를 하는 수밖에 없습니다. 예를 들어 성남시에만 약 2000여 개의 단체가 있습니다. 그중 촛불시민행동에 참여한 단체는 65개에 불과합니다. 나머지 단체들은 대부분 자유총연맹, 해병대전우회, 새마을부녀회, 녹색어머니회 등 소위 기본 조직이지요.

이 단체에서 일상적으로 정치적 참여나 논의가 이뤄지기란 거의 불가능합니다. 정치인들은 오직 얼굴을 알리고 인사를 하기 위해 수많은 행사에 참여할 뿐이지요. 일상적인 소통이나 공감이 어렵고, 단체들의 정치적 성향도 어느 정도 정해져 있어서 보수적인 경향이 70~80퍼센트입니다. 지형이 굳어져 있다고 봐야 하지요.

정치인이 이런 단체들의 행사에 출석해서 인사를 드리는 것도 분명 필요한 일입니다. 문제는 그게 거의 전부라는 사실이지요. 이 단체들의 행사에 참여하는 사람들은 전체 유권자의 5퍼센트도 안 됩니다. 결국 국회의원은 4년 내내 같은 분들만 뵙는 겁니다. 나머지 95퍼센트의 시민들이요? 선거철에 출퇴근길 인사하면서 뵙는 것이 고작입니다.

현실이 이렇다보니 정치인도 시민도 서로 서먹서먹합니다. 출퇴근길에 정치인이 서 있으면 선거철에 표 얻으러 왔구나, 그런 마음이 들지요? 이런 탓에 국민들은 신념이나 정책으로 정치인을 판단하는 게 아니라, 얼마나 자주 행사에 출석하는지 얼마나 공손하게 인사하는지를 보거나, 주위들은 입소문으로 판단할 수밖에 없습니다.

저는 시민들과 만날 방법을 정치가 만들어야 한다고 생각합니다. 시민들이 좀더 정치에 관심을 기울이고 적극적으로 목소리를 내도록 하는 것 또한 정당의 의무입니다. 정치 교육을 목적으로 하는 모임을 별도로 꾸려서 운영할 수도 있겠지요. 꼭 정치 교육이 아니라 지역 현안을 토론하는 모임도 가능하겠고, 일종의 시민조직을 만드는 것도 적극적으로 검토해야 합니다.

나아가 지구당을 보완하여 복원하는 것도 고려해봤으면 합니다. 이전의 지구당처럼 되지 않으려면 면밀한 검토가 필요하기 때문에 중앙당에서 나서야 합니다. 어떤 방법이 좋을지 단언하기는 어렵지만, 이대로는 촛불을 일상으로 옮길 수 없다는 사실만큼은 분명합니다.

시민단체나 지구당 못지않게 중요한 것이 하나 더 있습니다. 촛불의 또 다른 주역인 디지털 세대를 정치와 떨어지지 않도록 해야 한다는 것입니다. 제 또래 중에는 촛불을 들면서 깜짝 놀란 사람들이 많습니다. 그동안 20대는 정치에 무관심하고 자기한테만 신경 쓰는 줄 알았는데, 전혀 그렇지 않더라고 말이죠.

게다가 디지털 세대는 이전에 상상하지 못했던 방법들로 의견을 냈지요. 광장에 나가보신 분은 알겠지만 시위라기보다 축제에 가깝지 않았습니까? 일종의 반란인데 축제 형식을 띠고, 시위는 시위인데 무척 질서 있고 평화적인 모습이 인상에 남았다는 사람들이 많습니다. 이런 시위가 가능했던 데는 디지털 세대의 공이 컸습니다. 저에게는 디지털 세대가 앞으로도 정치에 관심을 갖도록 하는 것이 중요한 숙제가 되었고요.

민주화 세대와 디지털 세대의 가장 큰 차이점은 무엇일까요? 저는 '조직'이라고 봅니다. 민주화 세대는 조직의 세대이고 조직 자체가 민주주의였습니다. 대학 캠퍼스에 몇 명만 모여 있어도 사복경찰이 들이닥치던 시절에는 민주주의를 부르짖는 학회나 서클 등 조직을 만드는 것이 곧 혁명이었지요. 또한 대학 밖 일상의 공간에서도 끊임없이 조직을 만들었습니다. 환경운동연합이나 참여연대가 전부 그 시절에 싹을 틔웠지요.

당시 조직의 특징이라면 모두가 리더였다는 점입니다. 경찰을 피하기 위해서라도 이름을 내걸 수 없었는데요, 그래서 모두 스스로 계획하고 규칙을 만들고 글을 써서 일을 진행했습니다. 연설문과 대자보를 쓰는 게 일상이다보니 글솜씨가 늘고 머릿속에서 주제의식이 분명해졌지요. 자신의 뜻을 관철하겠다는 의지도 강했고요. 이러면서 민주화 세대는 자연스럽게 리더의 역할을 배울 수 있었습니다.

그에 비해 디지털 세대는 어떤가요? 디지털 세대는 리더가 되어본 경험이 적습니다. 대학 때는 스펙을 쌓느라 정신없지요? 사회에 나온 뒤에는 사회운동을 하든 취직을 하든, 제일 먼저 커피 심부름을 해야 하고요. 스스로 목적을 세우고 계획을 짜서 성취한 경험이 적을 수밖에 없습니다.

디지털 세대가 이렇게 된 건 민주화 세대 탓입니다. 민주화 세대가 젊은 분들에게 좋은 환경을 만들어주지 못한 겁니다. 자기들이 투쟁해서 얻은 결과를 다음 세대와 공유하지 못한 채 경쟁, 비정규직, 하청, 아르바이트를 강요했지요. 그렇기 때문에 저는 늘 디지털 세대에 미안한 마음을 품고 있습니다.

그렇지만 디지털 세대는 민주화 세대와는 다른 강력한 잠재력을 지니고 있습니다. 앞서 말했듯 촛불에서 그 잠재력을 일부 보여주었지요. 디지털 세대는 자신을 표현하는 데 주저하지 않고, 내가 나를 대변하는 것이 당연하다고 여깁니다. 반면 민주화 세대는 자신을 드러내는 데 서툴지요. 집단 속에서 누구나 리더였지만, 익명의 존재였기 때문입니다. 민주화라는 대의 아래 조직이 연애를 하지 말라면 하지 않고, 술을 마시지 말라면 금주했던 사람들입니다. 그러니 시위를 해도 조직의 대의를 외칠 뿐 자기 목소리를 내지는 못했지요.

촛불집회에 유쾌한 패러디와 흥겨운 퍼포먼스가 가득할 수 있었던 것은 디지털 세대가 자기 목소리를 내는 데 주저하지 않은 덕입니다. 젊은 분들은 자신에게 훨씬 자부심을 가져도 괜찮습니다. 수십 년간 변하지 않던 시위의 문법을 혁신했으니까요. 최루탄 연기 가득한 시위가 익숙한 민주화 세대로서는 해내지 못할 일이지요.

저 역시 민주화 세대이자 아날로그 세대입니다. 제가 아무리 스마트폰으로 SNS를 열심히 해도 제 근본에는 유선 전화기가 있지요. 근본부터 다르기 때문에 저와 같은 민주화 세대는 디지털 세대가 꿈꾸는 세상을 만들 수 없

디지털 세대는 수십 년간 변하지 않던 시위의 문법을 혁신했습니다.

습니다. 젊은 분들이 적극적으로 정치에 목소리를 내며 주도해야 합니다.

정치가 디지털 세대를 품기 위해 해야 하는 일은 어렵지 않습니다. 그저 기본이 지켜지는 사회를 만들면 됩니다. 최저임금을 보장하고, 혹시 일을 못해도 최저임금의 90퍼센트는 받게 하고, 사회보험을 확충하면 되지요. 모두 헌법에 쓰여 있는, 지극히 당연한 일들입니다. 민주화 세대가 목숨 걸고 투쟁해본 경험과 여태껏 쌓아둔 자산을 이용하면 충분히 이뤄낼 수 있습니다.

국민기본선이라는 상식만 지켜진다면, 디지털 세대는 경쟁에서 살아남아야 한다는 강박에서 벗어날 수 있습니다. 그러면 걱정 없이 잠재력을 발휘하겠지요. 촛불집회에서 보여준 것보다 훨씬 커다란 힘으로 미래를 주도할 겁니다.

저는 늘 20대, 30대가 직면한 좌절할 수밖에 없는 세상을 바꾸고 싶었는데요, 마침내 그런 기회가 찾아왔습니다. 50대에 접어든 제가 다음 세대에게 길을 열어줄 수 있다면 그야말로 인생에 주어진 행운이 아닐까 싶어요. 저를 비롯한 민주화 세대가 디지털 세대에게 길을 만들어주기 위해 합심하길 바랍니다.

알바도
촛불을 들 수 있다

이제 마무리할 때가 다가왔네요. 다시 처음의 질문으로 돌아가보겠습니다. "아르바이트생도 촛불을 들 수 있을까요?"였지요. 결론부터 말씀드리자면 가능합니다. 정치가 기본을 지킨다면, 민주화 세대와 디지털 세대가 손잡고 싸운다면, 일상의 공간에 정치를 깃들게 한다면, 아르바이트생이든 비정규직이든 하청직원이든 모두 걱정없이 촛불을 드는 세상을 만들 수 있습니다.

제가 감히 말씀드리겠습니다. 곧 디지털 세대의, 젊은 세대의 시대가 올 겁니다. 이제 디지털 세대가 자기 목소리를 내기 시작했기 때문입니다. 새로운 세상을 꿈꾸며 행동을 일으켰기 때문입니다. 디지털 세대가 믿음을 잃지 않는다면, 지금보다 나은 미래가 펼쳐질 겁니다.

젊은 세대를 위한 사회가 되지 않으면 나라가 망할지도 모릅니다. 기득권 세력, 그리고 저 같은 아날로그 세대는 더 이상 미래를 기획할 수 없기 때문입니다. 디지털 시대의 미래를 주도할 특권은 오로지 젊은 세대에게만 있습니다.

물론 현실은 굉장히 어렵지요. 의자놀이 탓에 내 자리를 찾기 힘들고, 기껏 손에 넣은 의자도 위태위태하고, 정치는 일상과 너무 멀어졌으니까요. 하지만 그 어려운 현실 속에서도 희망은 싹을 틔웠습니다. 필리버스터와 촛불은 대표적인 희망의 싹이지요. 이 싹을 틔운 건 저 같은 정치인들이 아니라, 변화를 갈망하고 더 나은 미래를 믿은 국민들이었습니다.

제가 서른다섯 살에 감옥에서 나왔다고 했지요. 그때 처음 든 생각이 지금부터의 삶은 덤이라는 것이었고, 두 번째는 이제 할 만큼 했다는 것이었습니다. 스무 살부터 15년 동안 열심히 운동에 참여했고 6년 가까이 감옥에 있

정치가 기본을 지킨다면 모두 걱정 없이 촛불을 드는 세상을 만들 수 있습니다.

었으면 할 만큼 한 셈이지 않겠어요? 다시는 정치나 사회 운동에 나서지 말고 공부해서 전문성을 기른 뒤에 소박하게 사회에 기여해야겠다, 이렇게 마음먹었습니다. 결혼해서 아이도 낳고 평범하게 살려고 했지요.

그랬는데 지금은 그토록 싫어하던 정치를 하고 있습니다. 낙선했는데도 떠나지 않고 있고요. 이유는 하나밖에 없습니다. 젊은 세대 때문입니다. 젊은 세대가 저를 감동시켰기 때문입니다. 민주화 세대 중에 저처럼 감동받은 사람들이 꽤 많습니다.

요즘 가장 고민하는 것은 젊은 세대에게 어떻게 시간을 벌어줄까 하는 겁니다. 하청 사회의 바닥에 있는 청년들은 좌절감도 심하고 경험도 적어서 곧게 일어서는 데 시간이 필요하거든요. 새로운 정권은 청년들이 일어설 시간을 벌어주는 징검다리 정권이 되었으면 합니다.

다시 한번 젊은 세대에게 말씀드립니다. 자기 내부에 있는 힘을 믿으세요. 대책 없이 낙관적인 말로 들릴지도 모르지만, 변화란 믿음에서 비롯되는 겁니다.

그리고 지금 당장 아무것도 할 수 없다고 좌절하지 않길 바랍니다. 현실이 너무나 힘들기 때문에 자유롭게 정치에 참여하기 어려운 게 당연합니다. 그런 현실을 바꾸기 위해 저를 비롯한 많은 민주화 세대가 고민하고 있으니 지금은 가능한 정도만 힘을 보태면 됩니다.

그리고 저와 나이가 비슷하거나 더 많은 분들께도 말씀드립니다. 서운할지도 모르지만 이제 우리의 시대가 아닙니다. 청년들이 마음껏 꿈을 꾸고 능력을 발휘할 수 있도록 도와주는 것이 지금 우리의 역할이지요. 다음 세대를 위한 터전을 닦는 일에도 충분히 의미가 있습니다. 다음 세대의 시대가 활짝 열리는 것을 볼 수 있다면 인생에 있어 큰 행운일 테고요.

모두가 자기 몫의 의자를 지니고, 헌법이 생활의 규칙으로 적용되며, 일상적으로 정치에 의견을 낼 수 있는 사회, 이런 사회를 만들기 위해 우리 모두가 힘을 내야 할 때입니다. 희망의 싹은 이미 나왔으니 제대로 기르기 위해서라도 지금이 굉장히 중요합니다.

묻고 답하기

앞서 말씀드렸듯이 한국 의회는 양당 구조입니다. 정의당이 있지만 의석수가 가장 많았던 게 민주통합당 시절의 13석이지요. 13석도 의회에서 제대로 의견을 내기 어려운데 그보다 적으니 사실상 양당 구조라고 봐야 합니다.

기본적으로 정치에서는 항상 조율과 타협이 불가피한데요. 사실상 양당 구조라서 누가 51퍼센트를 차지하는지가 중요한 현재는 과반수를 차지한 지배 정당이 되면 타협할 필요가 없습니다. 또한 조율과 타협을 한다 해도 기득권 세력 간의 주고받기만으로 충분하지요. 소수 정당은 무시해도 상관없고요. 그래서 양당 구조에서는 타협과 조율 따위는 버린 채 상대방을 공격하기에만 급급하거나 일부 기득권 사이에서 조율이 진행될 뿐입니다. 저는 이것을 조율을 위한 조율이라고 생각합니다.

이렇다보니 국회의원의 미덕은 튀지 않고 말하지 않는 것이 되었습니다. 세월호 참사 같은 민감한 문제에 적극적으로 나서는 의원이 몇이나 있던가요? 양당 구조에서는 조금이라도 책잡힐 일에는 소극적일 수밖에 없습니다.

한창 국정농단 사건이 터지고 당의 공식 입장을 정하는 과정에서 제가 대통령 퇴진을 주장했다가 비판을 받았습니다. 그때 당에서는 촛불이 어떻게 하는지 두고 보자고 했지요. 촛불이 더 타오르면 그때 조율하러 나서자는 것이었습니다.

정치가 뒤로 물러서고 시민이 문제를 해결해야 한다면 왜 시간과 돈을 들여서 정치인을 대리자로 뽑아야 합니까? 국정농단 같은 일이 터졌을 때 정치인들이 나서서 해결하라는 의미 아닙니까? 그런데 타협과 조율이 필요하다는 이유로 급한 사안에서는 발을 빼는 게 습관처럼됐습니다. 이런 것 역시 양당 구조의 폐해입니다.

지금은 이례적으로 양당 구조가 흔들렸지요. 시민의 힘으로 흔든 것이지만, 저는 이런 이례적인 상황이 아니라 제도적으로 흔들어야 한다고 생각합니다. 그래야 근본적으로 정치에 변화가 일어나서 타협과 조율이 제 역할을 할 수 있습니다.

　중·대선거구제로 녹색당과 정의당이 의회에 자리를 잡는다고 생각해볼까요? 가령 설악산 케이블카 설치 여부를 둘러싸고 논쟁이 벌어진다면 녹색당이 가만히 있지 않을 테니 쉽게 통과될 리가 없지요. 시민들의 중요한 관심사가 될 수도 있고요.

　소수의 목소리가 반영되지 않는 양당 구조에서는 설악산 케이블카 같은 건 전혀 중요한 문제가 아닙니다. 이처럼 정치적으로 중요하지 않다고 여기는 사안에 대해 다수는 침묵하거나 말을 아끼고, 입을 여는 소수는 발목 잡는 강성이라고 욕을 먹기 마련이지요. 이런 경험이 쌓이면 말하지 않는 정치인들이 점점 더 많아집니다. 그래서 저는 다당제로 구조가 바뀌어 국회에서 정책을 둘러싼 다양한 말들이 나오기만 해도 우리나라 정치가 굉장히 많이 바뀌리라고 봅니다.

개헌으로 넘어가면, 보통 개헌을 주장하는 사람들은 대통령의 권한이 너무 막강하다고 문제를 제기하지요. 저는 그렇게 생각하지 않습니다. 과연 여당 의원들이 박근혜 전 대통령의 비선 실세를 몰랐을까요? 공공연한 비밀이었다고 하니 아는 사람은 안 겁니다. 그런데도 대통령 후보로 내세운 겁니다. 이유는 단 하나, 집권당이 되기 위해서였지요.

왜 수십 년에 걸쳐 이뤄진 그런 큰 잘못을 주변에서는 다들 쉬쉬했을까요? 어째서 아무도 내부에서 고발하지 않았을까요? 대통령제 때문에? 아니지요. 이번 사태는 헌법에 쓰인 대통령제에 문제가 있어서 일어난 것이 아닙니다. 그런데 국정농단을 어떻게 없앨지는 말하지 않고 갑자기 개헌을 하자고 합니다. 이게 내각제가 아니어서 일어났나요? 아닙니다.

공고하게 뭉친 기득권 세력을 뒤흔들기 위해서는 국

회가 말을 하는 것이 중요합니다. 그리고 국회가 말을 하기 위해서는 양당 구조가 바뀌어야 하고요. 의석수가 30석, 40석이 되는 소수당이 서너 개만 있어도 국회 분위기가 크게 달라질 겁니다.

다당제는 혼란스러울 거라고요? 그럴 수도 있지만 그역시 필요한 과정입니다. 그 과정을 겪으면서 정치는 바뀔 겁니다. 저는 그 변화의 결과를 기대하기 때문에 중·대선거구제를 찬성합니다.

대연정이나 협치에 대해서는 각자 의견이 다를 수밖에 없습니다. 스스로 생각해보는 것이 중요한데요, 제 생각을 말씀드리기보다는 정치인의 말을 어떻게 받아들일지 안내해드리는 것이 좋겠습니다. 일단 정치와 정치인의 본질이 무엇인지부터 생각해야 합니다. 그다음에 협치나 대연정에 대해 판단하는 방법이 있습니다.

저는 정치인을 세 종류로 나눕니다. 첫 번째는 기술자. 정치의 본질은 오로지 협상과 조율이라고 생각하는 정치인이지요. 조율을 위한 조율을 중시하는 사람들. 실제로 어떤 의원들은 사석에서 자기가 정치기술자라고 말하기도 합니다.

두 번째는 평론가. 쉽게 비유하면 저 같은 사람입니다. 평론가를 폄하하는 것은 아니지만 정치인으로서 바람직한 모습은 아닙니다. 평론가는 신념도 있고, 가치관도 분명하고, 정책도 세울 수 있습니다. 그런데 관철하지 못합니다. 저 역시 세월호 참사 때 단식 같은 것 외에는 딱히 제 소신을 관철할 방법을 찾지 못했지요. 아무것도 이루지 못하면 정치인이 된 의미가 없는 셈이니 좋은 정치인이라고 할 수는 없습니다.

세 번째는 신념과 가치관이 확실하고 그것을 관철할 줄도 아는 정치인입니다. 소명으로서의 정치인이라고 하는데요, 저는 이런 분들이 제일 훌륭하다고 생각합니다. 사회운동가와 정치인의 가장 큰 차이점이 뭘까요? 사회운동가는 신념만 있어도 괜찮지만, 정치인은 신념을 관철해야 한다는 것입니다. 그만큼 정치인에게는 실행력이 중요합니다.

지금 국회에 있는 의원들은 어떤 정치인일지 여러분 스스로 판단해봐야 합니다. 정치기술자, 평론가, 소명으로

서의 정치인을 나눌 줄 알면 올바른 정치에 대한 여러분의 시선도 좀더 분명해질 겁니다.

대연정으로 돌아오자면, 저는 정치의 본질이 협치라고 생각하지는 않습니다. 수단이긴 하지만요. 제가 희한한 정치인이기는 하지요. 정치의 본질은 매순간 약자의 곁에 서겠다는 결단이라고 주장하니까요. 모든 사람에게는 약자인 때가 있습니다. 예컨대 태어난 직후에는 모두 약자지요. 성인이 되어서도 산재를 당한다든지 일자리를 잃는다든지 집이 망할 수 있고요. 사회적 약자는 투표를 하고 싶어도 할 수 없습니다. 당장 먹고살기 급급하니까요. 사실상 시민권이 없는 셈이지요. 저는 그때 약자들에게 필요한 게 정치라고 생각합니다.

물론 정치의 본질 역시 사람마다 생각이 다를 수 있습니다. 정치에 정답이란 없을 테니까요. 중요한 건 자기 속에 정치란 무엇인지 정의해두는 것입니다. 정치를 바라보는 기준이 확고해야 대연정 같은 것을 자기 나름대로 판단할 수 있겠지요.

자, 어떤 것이 정치의 본질일까를 한번 생각해보시고, 좋은 정치를 구현하기 위해 지금 필요한 것이 대연정 혹은 협치일지 판단하세요. 약자를 위한 매순간의 결단, 그것을 위해 필요한 것이 대연정일까요? 누구는 대연정이라 하고, 누구는 재벌 개혁이라 할 수 있습니다.

대연정뿐 아니라 선거 때 정치인들이 하는 이야기를 여러분의 관점에서 바라봐야 합니다. 그게 정치에 참여하는 첫걸음이라 해도 지나치지 않지요. 선거 때 내가 던진 표가 정치인을 이기게 해서는 안 됩니다. 이기는 건 투표한 국민이어야 하지요.

누가 대통령으로 좋을까가 아니라 미래를 위해 누굴 대변자로 선택할까 하는 주체적인 태도가 중요합니다. 그런 태도를 지니고 대연정이나 협치에 대해 스스로 생각해보시기 바랍니다.

참여정부가 들어설 당시 기대가 컸지만
결국 바뀐 것이 없어 실망했습니다.
그 원인이 무엇이라고 보시는지요.

저는 참여정부 시절에 정치를 하지는 않았습니다. 하지만 참여정부의 덕은 톡톡히 보았는데요. 만약 이명박이나 박근혜 정부 시절이었다면 제가 박사 논문을 끝내고 국무총리실 산하에 있던 한국노동연구원에 들어가기 어려웠을 것입니다.

왜냐고요? 국무총리실 산하 연구기관에 입사하기 전에 형식적이긴 하지만 그 명단이 청와대까지 올라갑니다. 빨갱이로 소문나 있고 빨간 줄도 두 번이나 그은 40대 여성을 누가 채용하겠습니까. 하지만 저는 공채를 거쳐서 당당히 정규직으로 합격했습니다.

당시 제가 최종 후보 6명에 포함되었는데요, 요즘은

빅 데이터 분석으로도 많이 알려진 연결망 분석을 중심으로 프레젠테이션을 준비했습니다. 당시만 해도 막 연구가 시작되던 분야였고 아는 사람이 적었지요. 당연히 제 연구 분야에 관해 물어볼 거라고 예상했는데 첫 질문이 사면복권은 되셨느냐는 것이었습니다. 그때도 저의 능력보다는 사면복권 여부가 중요했던 것이지요.

굳이 이런 시시콜콜한 이야기를 한 건, 참여정부가 해낸 일을 상징적으로 보여주기 때문입니다. 전문성을 갖춘 개혁적인 사람을 키워내기 시작한 게 참여정부입니다. 참여정부가 기회를 주지 않았다면 저 같은 사람이 언제 정부 출연 연구기관을 경험해보겠습니까? 어떻게 정부 정책에 대해 입장을 내겠습니까? 저는 연구원이었지만 두 번 정도 청와대에 보고하러 가기도 했습니다.

어떤 사람들은 조선왕조 이후 진보 진영의 삐딱한 사람들이 정권의 핵심에 처음 다가가본 게 김대중, 노무현 정권 때라고도 합니다. 단 10년이었지만 민주정부가 이룬 성과는 적지 않습니다.

물론 참여정부가 잘못한 점도 많습니다. 특히 고용에 유연안정성 모델을 도입한 것, 즉 해고를 좀더 자유롭게 만든 것은 두고두고 문제가 되고 있지요. 2003년 인천국제공항공사에서 전체 직원 중 비정규직과 사내 하청을 87퍼센트로 설정하도록 한 게 참여정부입니다. KTX 여승무원 문제도 참여정부가 결단했으면 해결할 수 있었지요.

왜 유연안정성 모델을 도입했을까요? 노무현 전 대통령 개인의 잘못일까요? 아닙니다. 참여정부에 참여했던 개혁적인 성향의 전문가들도 그게 잘못인 줄 몰랐던 겁니다. 능력과 경험이 모자랐고 시야도 좁았지요.

물론 그것이 면죄부가 되지는 않습니다. 제가 인적자원과 인적자본이라는 말을 싫어한다고 했는데, 김대중 정부 때 교육부의 정식 명칭이 교육인적자원부였습니다. 인적자원이 어떤 의미인지 몰랐던 겁니다. 그렇다고 정부가 몰라서 그랬다는 변명을 늘어놓아서는 안 됩니다.

지금은 유연안정성 모델이 잘못되었다는 것을 압니다. 여전히 개혁세력 중 일부는 유연안정성 모델에 찬성하지만 그래도 다수가 반대합니다. 참여정부가 사람들을 키워낸 덕이지요.

그래서 새로운 정권이 중요합니다. 이제는 다음 세대를 위해 징검다리를 놓을 역량 정도는 있거든요. 잘 몰라서, 부족해서, 능력이 안 돼서, 막대한 희생을 치르긴 했지만 이제는 다르지 않습니까?

지금이라도 약자를 위한 정책을 펼쳐야 합니다. 그리고 참여정부 때의 실패를 진심으로 반성하면서 인재를 계속 육성해야 합니다. 기회가 왔을 때 우왕좌왕하지 않도록 미리미리 다음 세대의 역량을 키워줘야지요. 다음 세대란 앞서 수차례 말했듯 디지털 세대를 가리킵니다.

국민기본선이란 말 그대로 기본을 갖추는 겁니다. 일방적으로 나라가 끌고 가서는 국민기본선이 사회 전체에 자리 잡기 어려운데요, 저는 크게 두 가지 방법이 가능하다고 생각합니다.

첫 번째는 국민들이 경험하게 하는 것입니다. 모든 사람에게 사회보험을 적용하는 데 필요한 예산이 3조 원이 채 되지 않습니다. 우리나라 1년 예산이 400조 원이니 그중 1퍼센트만 있어도 가능하지요. 잘 설계하면 증세하지 않고도 사회보험을 확충할 수 있습니다.

가령 사회보험을 확충해서 우리나라가 산업재해 1위 국가에서 3위 국가로, 혹은 그 이하로 산재가 줄어들면 국민기본선에 대한 사람들의 인식이 달라질 겁니다. 지지가 커지면 국민기본선을 확고히 하기 위해 세금을 더 걷는 것에 동의할 수도 있겠지요.

두 번째는 소통과 공감을 위해 채널과 플랫폼을 활성화하는 겁니다. 채널은 끼리끼리 모인 온·오프라인 조직 같은 것입니다. 플랫폼은 그 채널이 만나는 곳, 예를 들어 필리버스터나 촛불 광장 같은 것이지요. 정리하면 채널의 의견과 행동을 모으는 창구가 플랫폼입니다.

이번 국정농단 관련 촛불집회 때 전국 64개 대학이 처음으로 시국회의를 구성했다고 합니다. "처음으로 구성했다"는 말을 듣고는 두 가지 생각이 들었습니다. 세상에, 하는 탄식이 그중 하나입니다. 제가 대학생일 때는 탄압이 극심하던 와중에도 전국 대학들의 연합 조직이 있었거든요. 그곳에서 대자보를 누가 어떤 내용으로 써서 어떻게 공개할지 협의했지요.

다른 하나는 그럼에도 불구하고 요즘 대학생들이 시국회의를 구성했다는 놀라움입니다. 학생회가 사실상 와

해되거나 줄어들어 서로 만나는 것조차 힘든 상황에서도 만들었으니까요. 대단한 일을 해낸 겁니다.

민주화 세대는 숱하게 많은 채널과 플랫폼을 만들었지만, 디지털 세대는 그런 경험을 쌓을 기회가 없었습니다. 그렇기 때문에 민주화 세대가 나서서 디지털 세대에게 채널과 플랫폼을 스스로 만들고 경험하도록 지원할 필요가 있지요.

그렇다고 해서 30여 년 전의 방식을 그대로 사용해서는 안 됩니다. 민주화 세대와는 다른, 요즘 세대에 맞는 채널과 플랫폼을 온라인과 오프라인에 만들어야 합니다. 낙선한 뒤에 전국에 강연을 다녀보니 저와 비슷한 생각을 하는 분들이 이미 계시더라고요. 그래서 향후에 전국 동시다발 전시나 홀로그램 시위 같은 것을 같이 해보자고 말씀을 드렸습니다. 저 역시 제가 살고 있는 지역에서 정치 아카데미나 토론이 있는 책방이라는 콘셉트로 새로운 채널을 만들려고 구상하고 있고요.

디지털 세대에게는 함께 플랫폼을 만드는 경험이 필

요합니다. 채널과 플랫폼은 가능하면 어릴 때부터 경험하는 것이 좋은데, 그러면서 한 번씩은 리더가 되어봐야 합니다. 내가 조직을 만들고 규칙을 세우고 질서를 지키는 경험은 두고두고 자산이 되기 때문입니다.

제가 말씀드린 것이 청년 창업과 비슷하지 않느냐고 묻는 분들도 계신데, 전혀 다릅니다. 지금처럼 재벌이 골목 상권을 잠식하는 상황에서 섣불리 창업을 유도했다가는 청년들이 재기 불능에 빠질지도 모릅니다. 자칫 잘못하면 청년 창업은 청년 실업자를 양산하거나, 괜찮은 일자리를 제공하지 못하는 정부의 무능력을 면피하는 구실이 될 수 있습니다.

개인적으로는 초등학교 교육과정에 시민 교육 프로그램을 넣었으면 합니다. OECD 회원국 대부분이 이미 시민 교육을 하고 있습니다. 역할극 같은 것도 가능하겠지요. 변호사, 검사, 노동자, 사용자 같은 역할을 아이들이 돌아가면서 맡는 겁니다. 요즘은 중학생 때부터 아르바이트를 하기 때문에 역할극으로 미리 체험해보는 게 좋습니다.

영국에서는 아이들에게 시민이란 노동자이자 소비자라고 가르치는데요, 우리나라도 이런 시민 교육이 필요합니다. 정규 교육과정에 포함되면 좋겠지만, 그 전에 성희롱 교육이나 통일 교육처럼 10~20시간씩 반드시 이수하게 해도 괜찮습니다. 프로그램만 알차게 구성하면 그 정도 시간으로도 효과를 볼 수 있지요.

그리고 마지막으로 하나 더, 정부와 정당이 시민들에게 구애해야 합니다. 여러분을 사랑합니다, 여러분은 정말 소중합니다, 이렇게요. 말하는 사람과 듣는 사람이 모두 세뇌될 정도로 되풀이해야 합니다.

저는 정치란 짝사랑과 같다고 봅니다. 국민에게 끊임없이 힘을 주고 도와주되 보상은 바라지 않아야 합니다. 이런 이야기가 사람들의 머릿속에 자리 잡으면 비로소 국민기본선이 자연스럽게 사회에 정착될 것입니다.

저는 교사입니다. 촛불집회에
나가고 싶어도 나가지 못하는 학생들에게
어떤 이야기를 들려줄 수 있을까요?

비슷한 질문을 들은 적이 있습니다. 그 선생님은 수업을 포기하고라도 시위에 나가라고 말하고 싶지만 학생들의 처지를 알기에 말하지 못한다고 하셨지요. 결론부터 말씀드리면 시위에 나가지 못해도 괜찮고, 그 일로 미안함을 느낄 필요도 없다고 제가 대신 대답해드리겠습니다.

제가 3주 연속 강연을 한 적이 있습니다. 처음 두 번을 모두 참석한 학생이 손을 들더니 다음 강연도 듣고 싶은데 시험 기간이라면서 들어야 할지 말아야 할지 고민이라고 질문하더라고요. 그리고 망설이는 자신이 비겁하게 느껴진다는 겁니다.

저는 그 학생에게 오지 말라고 답했습니다. 저는 어차

피 계속 강연을 할 테고, 그 학생이 대학에 입학한 뒤에도 기회가 있을 테니까요. 그러니까 지금은 오지 말고 나중에 여유가 있을 때 들으면 된다고 말했습니다. 엄마가 가지 말라고 하고 본인도 스트레스를 받으면서 굳이 강연에 올 필요는 없겠지요.

질문하신 선생님처럼 참여하라는 말도 못 하는데 어떡하나, 이런 불안감은 저에게 넘기세요. 그건 제가 해결해야 할 문제입니다. 계속 강연을 하면서 기회를 열어놓는 것, 바로 저 같은 정치인이 해야 하는 일입니다.

우리나라 국민에게는 자유가 있습니다. 시위에 참석할 자유, 참석하지 않을 자유. 그리고 자신이 어떤 선택을 하든 보호받을 자유도 있지요. 저 같은 정치인은 그 자유를 보장해줘야 합니다.

저는 청소년들에게 약속을 하고 다닙니다. 다음에도 반드시 촛불 광장 같은 것이 기획되도록 더 자유로운 나라를 만들겠다고요. 이번이 마지막이 아니라 또 만들어질 테니, 굳이 지금 참여하는 걸 두고 고민할 필요는 없겠지요.

이런 식으로 아이들에게, 청년들에게 시간을 벌어주는 건 정치만이 할 수 있습니다. 학교에서는 힘들지요. 선생님들은 정치적 발언을 하기 어렵고 그 때문에 불이익을 당하기도 하니까요. 그러니 정치인들이 나중에라도 아이들이 자기 목소리를 낼 수 있도록 계속 기회를 마련해야 합니다. 나아가 누구든 정치에 자유롭게 의견을 낼 수 있는 사회를 만들면 금상첨화겠지요.

학생들이 지금 당장 시위에 나서지 못하는 것에 죄책감을 느끼게 해서는 안 됩니다. 오히려 아이들에게 시위를 할 자유를 보장해주지 못하는 어른들, 그중에서도 저 같은 정치인들이 죄책감을 느껴야지요. 학생들은 원하는 것을 할 수 있는 선에서 하면 됩니다. 굳이 광장에서 촛불을 들지 않더라도, 뉴스에 응원 댓글을 남길 수도 있겠지요.

제가 학생들에게 부탁하고 싶은 것은 따로 있습니다. 저 같은 민주화 세대가 디지털 세대를 위해 터전을 닦아놓을 테니, 그 위에서 어떻게 나아갈지 고민해주었으면 합니다. 어떻게 채널과 플랫폼을 만들고 어떤 식으로 활

용할지 주체적으로 생각해보는 것이지요. 이런 고민은 몇몇이 모여 함께할 수도 있고 혼자 해도 괜찮습니다. 어쨌든 자신이 정치와 무관하지 않음을 기억하고 계속 고민하는 것이 중요합니다.

제가 구상하고 있는 정치 아카데미도 학생들에게 정치에 관해 생각해볼 수 있는 채널과 플랫폼을 제공하는 것입니다. 이러한 채널과 플랫폼은 앞으로 더욱 늘어날 텐데요, 겁먹지 말고 과감하게 참여해보길 권합니다. 학생들의 작은 참여는 결국 큰 파문이 되어 한국 정치 전체에 영향을 미칠 테니까요.

세대 간, 남녀 간 갈등이 점점 심해지고 있습니다.
마땅한 해결책이 없을까요?

앞에서 말씀드렸지만 끊임없는 의자놀이가 세대 간, 남녀 간 갈등을 부추기고 있습니다. 심지어 사회적 약자이기도 한 20대 남녀 사이에도 갈등이 일어나곤 하지요. 남성 청년들은 군대도 다녀오지 않은 김치녀들이 내 자리를 차지했다고 생각하고, 여성 청년들은 우리가 성폭력을 당하는데 방관한 한남충들이 밉다고 합니다.

아르바이트를 하는 어떤 청년이 그러더라고요. 하루는 친구에게 너무 힘들다고 카톡을 보냈더니 답장이 "나도 힘들어"였다고요. 힘이 다 빠졌다면서 "우리는 왜 이럴까요?" 하고 묻더군요.

자기 자신의 좌절과 절망이 너무 크면 친구의 고통을

품을 수 없습니다. 저도 그런 적이 있었지요. 한동안 친구들을 보기 힘들었는데 힘겨워하는 친구의 모습이 마치 제 모습을 보는 것 같았기 때문입니다.

몇 년 전 대한문 앞에서 쌍용자동차 해고자들이 천막 농성을 했지요. 제가 청년들에게 왜 그곳에 가지 않느냐고 물었더니, 자기도 저 사람들처럼 '루저'가 될까봐 외면하게 된다고 답하더군요.

청년들은 성장 과정에서 줄곧 서로 경쟁하고 성과에 따라 평가를 받으면서 끊임없이 스펙을 쌓아왔습니다. 어떻게든 나 혼자만이라도 성공하는 것이 지상과제였지요. 그런데 강자들이 양보할 리는 없으니 살아남기 위해 비슷한 약자끼리 싸울 수밖에 없는 겁니다. 강자는 경쟁하지 않습니다. 치열한 경쟁은 약자의 몫일 뿐이지요.

그래서 국민기본선을 보장하여 청년들에게 숨 돌릴 시간과 기회를 주고, 하청 사회와 포스트 민주주의를 함께 넘어가야 합니다. 그래야 세대 간, 남녀 간 갈등이 줄어듭니다. 더불어 약자끼리 경쟁을 부추기는 의자놀이의 현실을 알려야 합니다.

그런 점에서 저 같은 사람들, 당장 현실에 도전할 수 있는 사람들이 제 역할을 하는 것이 중요합니다. 제가 전국을 다니며 강연을 하는 것도 바로 의자놀이 같은 현실을 알리기 위해서입니다. 그리고 현실을 바꾸는 일에 곧 바로 새롭게 도전할 수 있는 사람들과 무리를 만들기 위해서지요.

아직 도전할 여력이 없지만 그래도 포기하지 않고 희망과 치유를 찾는 사람들에게 지금 도전하고 있는 사람들의 이야기를 들려주고 싶습니다. 그러면 일단 살아갈 의욕이 생기기 때문입니다. 현실을 버틸 힘이 생기지요. 지금 당장은 도전할 수 없지만 언젠가 힘이 생겼을 때 도전자들의 무리에 합류하겠다, 이렇게 생각할 수도 있고요.

사람이 언제 죽음 같은 고통을 맛보냐면, 희망이 없을 때입니다. 절망의 나락으로 떨어졌을 때는 놀라긴 하지만 포기하지는 않습니다. 희망이 사라지면 포기하지요. 새로운 길을 여는 것, 출구를 찾는 것, 이 의자놀이를 부숴버

릴 방법을 모색하는 것, 지금 도전할 수 있는 사람부터 시작하는 것, 그런 소식을 전하고 서로 만나는 것, 저는 이런 일들이 우리 사회에서 일어나는 갈등을 넘어서는 길이라고 생각합니다.

특별한 계기라면 제가 만났던 친구들, 제가 사랑했던 사람들 덕분이지요. 사람들은 묻습니다. 왜 불평등에 분노하느냐고요. 저는 사랑 때문이라고 답합니다. 제가 사랑하는 사람들, 소중한 사람들이 불평등에 기가 죽고 부당한 대우를 받아 눈물 흘리는 것이 저는 견디기 어렵습니다.

중학교 때 제 친구 중 한 명은 흙집에 세 들어 살았는데요, 저는 그 사실을 그 친구의 아버지 장례식에 가서 알았습니다. 당시에는 장례식을 병원이 아니라 집에서 했으니까요. 난생처음 흙집을 봤고, 돌아가신 아버지를 대신해 어머니와 함께 어린 동생들을 보살펴야 하는 친구의 처지를 알게 되었을 때 정말 놀랐습니다.

그 친구는 결국 학교를 졸업하지 못했습니다. 공장에 들어갔다는 것을 나중에 알았고요. 공부 잘하고 똑똑하던 그 친구가 왜 나와 달라져야 했을까? 어린 제가 감당하기 어려울 정도의 질문이었습니다. 잊었다고 생각했는데 영혼 깊숙이 그 질문이 자리 잡았던 모양입니다.

게다가 그 이후 만난 사람들, 예를 들어 공장의 노동자들, 아르바이트 청년들, 30대 비정규직들, 40대 보육교사들, 자긍심과 품위를 잃지 않으려고 노력하는 50대 가장들, 저는 이런 모든 분들이 좀더 행복하고 자유롭기를 바랍니다. 그래서 지금도 끊임없이 질문하고 분노하는 겁니다.

물론 포기하고 싶을 때도 있습니다. 나이가 들수록 더 힘들고 두렵고 도망치고 싶어집니다. 약자의 관점에서 그들의 처지에 함께 서기 위해서는 매순간 무척 용감해야 하는데요, 저는 그렇게 용감한 사람이 아닙니다. 그래서 매번 힘겨워하지요. 그리고 돌아갈 곳도 있습니다. 그래서 때로는 뒤돌아서고 싶습니다.

그런데 어느 순간 저뿐 아니라 모든 사람이 약하고, 약자들이 어떻게든 버티면서 싸우는 것은 정말 예쁘고 대견한 일이라는 생각이 들더군요. 그래서 힘겨울 때마다, 제가 너무 나약하게 느껴질 때마다 가만가만 말합니다. 너 대단하다, 네가 두렵고 약한 것은 네 탓이 아니다, 너는 최선을 다하고 있고 그래서 사랑스럽다, 이렇게요.

겉보기에는 강하고 활기 넘치지만 언제든 정신적 육체적으로 나약해질 수 있다는 사실, 그것이 나의 모습이라는 사실을 인정하는 것이 제게는 큰 힘이 되어줍니다. 간혹 스스로가 비겁하다고 느껴질 때 다시 일어설 수 있는 힘이 되어주지요. 결국 사람에 대한 사랑과 저 자신에 대한 사랑, 이 두 가지가 저를 일관되게 인권이나 존엄의 문제에 천착하게 만드는 것 같습니다.

광장에서 촛불을 드는 것 외에
정치에 의견을 내려면 어떤 방법이 있을까요?

한마디로 말씀드리면 일상정치를 복원하는 것입니다. 온라인에서도 좋고 오프라인에서도 좋습니다. 독서 모임도 괜찮고, 만 18세 선거권 쟁취 같은 정치적 이슈를 다루는 모임도 괜찮습니다. 반드시 일상의 공간에 정치가 깃들어야 합니다.

사람들은 '정치' 하면 제도정치를 떠올리곤 하지만 그것만이 정치가 아닙니다. 먹고살기 위한 행위 외의 모든 것이 정치입니다. 최저임금 1만 원을 요구하는 것도, 골목 상권을 지키기 위해 토론하는 것도, 대학교 등록금을 줄이는 것도, 학생 인권을 신장하는 것도, 전부 다 정치입니다. 잠깐이라도 모여서 의견을 내고 토론할 수 있는 시민의 공간을 학교와 동네에 열고, 다른 사람들의 요구와 호소에 귀를 기울여야 합니다.

이런 공간을 만들기 시작한 분들이 꽤 있습니다. 한동대학교의 '들꽃'이라는 모임에 강연을 하러 간 적이 있는데요. 학교에서 일하는 비정규 노동자의 인권과 존엄을 지키기 위해 만들어진 모임입니다. 중앙대학교에도 이와 비슷한 '비와 당신'이라는 조직이 있고요.

뜻이 맞는 사람들과 모여서 사회적 약자의 인권과 존엄을 이야기하면, 자신을 넘어 친구와 이웃들에게로 시야가 넓어집니다. 모든 이의 인권이 서로 긴밀하게 연결되어 있음을 깨닫게 되지요. 그러면 인권 보장을 위한 제도와 법률까지 공부하게 되고, 한 단계 더 나아가 직접 행동함으로써 자신의 의견을 밝히기도 합니다.

'비와 당신'이 주최한 토크콘서트에 나가서 "지금까지 민주공화국의 시민이라는 사실을 경험한 적 있나요?"라고 물은 적이 있습니다. 청중이 잠시 조용해지더라고요. 그런 질문을 받아본 게 처음이었겠지요. 요즘 청년들은 기업이 원하는 훌륭한 '자원'이 되기 위해 줄곧 경쟁하고 스펙만 쌓아왔을 뿐, 시민으로서 인권과 존엄을 존중받은 경험이 거의 없습니다.

자신의 인권과 존엄을 존중받지 못하면 타인의 인권과 존엄 역시 경시하게 됩니다. 미국과 유럽을 비롯한 전 세계에서 극우파가 득세하는 이유가 뭘까요? 사람들이 인권과 존엄을 존중받지 못한 채 자원으로 취급당하며 경쟁에 내몰리기 때문입니다. 나 자신조차 존중받지 못하는데, 어떻게 성별, 인종, 국적, 종교를 뛰어넘어 타인을 포용하겠습니까? 전세계적인 극우파 득세 현상은 경제적 어려움뿐 아니라 민주주의가 훼손된 것에서도 그 원인을 찾을 수 있습니다.

훼손된 민주주의를 바로 세울 수 있는 유일한 수단이 정치입니다. 제도정치와 일상정치가 결합되어야만 비로소 민주주의가 다시 제 역할을 할 수 있지요.

다행히 요즘 우리나라에서도 시민들 사이에 정치 행위가 조금씩 퍼져나가고 있습니다. 몇몇 어머니 모임에서 안전한 먹거리를 고민하거나, 사교육을 없애기 위해 노력하는 등 다양한 활동을 벌이는 모습을 보고 감탄하기도 했습니다. 중고등학생 모임도 각지에서 만들어지고 있지요. 외국에서는 학생들이 학칙이나 학교 운영에 적극적으로 의견을 내는데요. 우리나라도 이제 막 시작하는 단계입니다.

이처럼 누구든 자신의 자리에서 인권과 존엄이 꽃피도록 끈질기게 노력해야 합니다. 온라인에 토론방을 개설하고, 머리를 맞대어 필요한 법을 찾아보고, 국회에 문의하면서 입법 청원 활동도 해야 합니다.

당장 성과가 없더라도 좋습니다. 조급해하지 말고 천천히 노력하면 됩니다. 새로운 정권이 들어서면 민주주의가 확대될 틈새가 커질 텐데, 그 틈에 자신의 이름 또는 모임의 이름을 새겨넣으면 됩니다. 그렇게 이름을 새겨야 제도정치도 국민을 기억하고 후퇴하지 않습니다.

먹고살기도 빠듯한데 언제 정치까지 하냐는 분들도 계십니다. 맞는 말이지요. 이럴 때 제도정치가 나서야 합니다. 제도정치의 역할은 시민들이 정치에 참여할 수 있도록 여유를 만들어주는 것입니다. 일자리를 늘리고, 노동 시간을 줄이고, 최저임금을 올려서 시민들이 정치에 참여할 토대를 마련해줘야 하지요.

제도정치가 이런 토대를 마련하면, 여러분이 나서서 정치적인 행동을 하면 됩니다. 그때 낯설어하거나 망설이지 않도록 지금은 각자 무리하는 않는 선에서 준비하면 되고요. 민주주의는 쟁취하는 것입니다. 결코 누군가 거저 주는 것이 아님을 기억해주시기 바랍니다.

결론부터 말씀드리면 저는 찬성합니다. 반대하는 분들도 꽤 있는데요. 그분들의 논리와 제가 찬성하는 이유를 함께 말씀드리겠습니다.

많은 분들이 선거 연령을 낮추는 데 반대하는 이유로 고등학교 교실이 정치의 장이 되어서는 안 되기 때문이라고 말합니다. 제도정치만 정치라고 생각하기 때문에 이런 의견이 나오는 것 같습니다. 외국 청소년들은 어릴 때부터 정치에 대해 배웁니다. 정치 교육을 받고 경험을 쌓아야만 주체적인 시민으로 자라날 수 있기 때문이지요.

법문과 교과서에 국민 주권이 쓰여 있다고 해서 학생들의 시민의식이 저절로 생겨나지는 않습니다. 배우는 데서 나아가 경험까지 쌓아야 비로소 정치적 주체가 될 수 있지요. 그 때문에 외국에서는 학칙을 만들거나 학교 운영을 논의할 때 학생들이 참여하도록 유도합니다. 학생들에게 시민으로서의 역할을 부여하는 겁니다. 이런 참여 역시 정치입니다. 일상에서 자연스럽게 정치 훈련을 하는 것이지요.

하지만 우리나라는 아직 제대로 된 정치 교육과 시민 교육이 이뤄지지 않고 있습니다. 학칙을 개정하거나 학교 운영에 변화를 줄 때 학생들의 목소리가 반영되는 경우는 거의 없지요. 그렇다보니 학생들에게 민주적 토론과 정치적 활동이란 너무나 어색한 일이 되어버렸습니다.

저는 선거 연령을 낮추는 것이 학교 현장에서 정치 교육과 시민 교육이 활발해지는 계기가 되리라고 봅니다. 청소년들이 일찌감치 정치에 노출되어야 대한민국의 미래를 책임지는 주인으로 성장할 수 있습니다. 선거와 투표뿐 아니라 표현의 자유와 집회·결사의 자유 등을 가르쳐야 합니다. 나아가 학교 운영에 학생들의 의견을 반영해서 정치를 경험할 수 있도록 해야 하고요.

선거 연령을 낮추는 데 반대하는 또 다른 이유로는 만 18세가 정치적 판단을 내리기에 어린 나이라는 의견이 있습니다. 그분들의 논리는 이렇습니다. 만 18세부터 투표할 수 있는 나라들의 사정을 보면 그 나이부터 경제적으로 부모에게서 독립한다, 그런 나라들의 만 18세들은 성인으로서 자신의 생계를 온전히 책임지기 때문에 정치적으로도 올바른 판단을 할 수 있다, 하지만 한국의 만 18세는 여전히 부모에게 의존하기 때문에 정치적 판단을 기대하기 어렵다. 말이 되는 것 같나요?

저는 이 논리가 좀 이상하다고 생각합니다. 일단 나라마다 문화와 관습이 다르기 때문에 다른 나라와 일차원적으로 거두절미하고 비교해서는 안 됩니다. 그리고 우리나라의 만 18세가 부모에게 의존해서 안 된다면, 만 19세부터는 다른가요? 우리나라에서는 결혼 전까지도 어쩔 수 없이 경제적으로 부모에게 기대곤 하지 않나요? 경제적으로 독립하지 않았기 때문에 투표해서는 안 된다는 논리는 선뜻 동의하기 어렵습니다.

과거에는 초등학교만 졸업하고 공장에 취직하는 사람들이 많았지요? 제가 예전에 1년 반 정도 미싱사로 일했는데 그때 제 보조가 열세 살이었습니다. 동생들 학비를 다 책임지는 아이였지요. 당시에 경제적으로 완벽하게 독립한 어린 노동자들이 많았지만, 누구도 그들에게 선거권을 주자고 하지 않았습니다. 경제적 독립 여부가 선거권과 밀접하게 관련되어 있다면, 투표할 수 있어야 마땅했는데 말입니다. 만 18세는 부모에게 의존하기 때문에 선거권을 부여해서는 안 된다는 논리에는 이처럼 허점이 많습니다.

저는 선거 연령을 낮추는 것을 시작으로 청년들에게 좀더 좋은 일자리와 주거 환경을 제공하기 위해 노력해야 한다고 생각합니다. 그래야 청년들이 독립할 수 있습니다. 독립할 능력과 기회가 없는데 어떻게 청년들이 홀로 서겠습니까? 일단 선거권부터 주고 제대로 된 시민으로 독립할 수 있게끔 도와줘야 합니다.

이번 촛불집회에 정말 많은 청소년이 참여했습니다. 수능이 끝나자마자 "수능 끝, 하야 시작"을 외치며 거리로 쏟아진 청소년들이 대통령 탄핵의 견인차 역할을 했다고 해도 지나치지 않지요. 어찌나 다들 똑똑하고 당찬지 많은 사람 앞에서 주눅 들지 않고 자기 의견을 발언한 학생도 많습니다. 저는 이런 아이들이 누구보다 올바르게 정치적인 판단을 내릴 수 있다고 생각합니다. 그렇게 때문에 만 18세에게도 선거권을 주도록 더 노력해야 합니다.

정치를 하다가 힘들고 고통스러운
순간이 오면 어떻게 견디시나요?

　　살다보면 힘들고 어려운 순간을 마주하게 마련이지요.
저는 구속되고 고문을 당하고 옥살이를 했을 때도 힘들었
지만, 정치를 시작한 뒤로는 매순간이 어려웠습니다. 세월
호 참사가 터졌을 때 아무것도 하지 못했고, 메르스로 죽
어가는 분들을 보며 그저 눈물만 흘렸고, 수많은 비정규
직들이 고통받으며 좌절하는 현장에서 고뇌했습니다. 게
다가 낙선까지 했고요. 그런 일들을 겪으며 느낀 무력감,
아픔 등의 감정이 모두 마음에 깊이 새겨져 있습니다.

　　제가 낙선한 직후에 선배 의원들이 잘 버텨야 한다며
들려준 이야기가 있습니다. 낙선하고 1년 동안 버티는 게
중요하다고 했는데요. 낙선하면 1주일 뒤에는 눈물이 마

구 흐르고, 15일 뒤에는 가슴이 칼로 찔리듯이 고통스럽고, 30일 뒤에는 뼈마디가 부서지는 것처럼 힘들다고 하더군요. 그리고 6개월 뒤에 국정감사에서 동료였던 의원들이 스타로 떠오르는 모습을 보면 새삼 아프고, 낙선 1주년이 다가오면 다시 홍역을 앓는다고요. 그렇게 계속 아프겠지만 잘 버텨내야 한다고 조언해주었습니다.

저는 낙선하고 6개월이 지나도 별로 아프지 않아서 정말 다행이라고 여겼는데, 결국 다른 이유로 크게 앓았습니다. 2016년 7~8월에 죽어버리라는 등의 거친 말을 온라인과 오프라인에서 수없이 들었습니다. 저를 지지하지 않는 분들이 욕하는 거야 어쩔 수 없지만, 저를 지지하는 줄 알았던 분들까지 몰매를 때리시더라고요. 부당하다고 생각하면서도 항의조차 하지 못했지요. 그리고 2016년 겨울 당내 경선 당시 특정 선거 캠프에 참여하는 것을 늦추고 정치적 중립을 지켰는데, 그 탓에 모든 캠프로부터 오해를 많이 받았습니다.

결국 2017년 초에 지독한 독감에 걸렸습니다. 예방주

사를 맞았는데도 앓았지요. 힘든 일을 겪을 때는 속으로 괜찮다고 삭였는데 실은 살갗 밑에 모두 쌓였던 모양입니다. 마음이 무너지자 몸도 같이 무너졌지요.

제가 혼자 사는데요, 그래서 아픈 데 더 둔했던 것 같습니다. 어느 토요일 밤에 숨 쉬기조차 힘들 정도로 아프더라고요. 결국 가족에게 전화를 해서 한바탕 난리를 피웠고 병원에 실려갔는데 독감이라고 하더군요. 한 달 정도 몸이 아팠어요.

독감을 앓으면서 깨달았습니다. 낙선하고 수많은 욕설을 들으면서 버텨야 했던 그 시간들이 결코 쉽지 않았다는 사실을 말이지요. 제가 정치를 시작한 지 5년 정도 되었는데 그동안 저에게 여러 낙인이 찍혔습니다. 친노, 강성, 빨갱이, 간첩, 낙하산, 외지인, 철새, 이혼녀, 서민 코스프레, 앞뒤 다른 엘리트주의자, 꼴통 페미니스트 등.

이런 평가를 차마 입에 담지 못할 욕설과 함께 되풀이해서 들었고 심지어 죽여버리겠다는 메시지까지 받았습니다. 무서울 수밖에 없지 않았겠어요? 아무리 괜찮은 척

해도 당연히 상처가 되지요. 게다가 같은 당원이나 과거의 지지자들이 욕을 하니 더 깊게 상처를 받았습니다. 정치가 진흙탕이라는 사실을 매일매일 절감했지요.

하지만 저에게는 시련을 견디는 마법의 주문이 있습니다. 고통과 두려움이 살갗 밑에 쌓여 없어지지 않았지만 마법의 주문 덕에 힘겨운 순간을 넘어설 수 있었지요.

제가 마법의 주문을 갖게 된 건 감옥살이 중이었습니다. 감옥에서도 무척 아팠거든요. 수술을 두 번이나 했고, 창문도 없는 좁은 방에서 내내 혼자 있다보니 영혼까지 무너지는 것 같았습니다. 게다가 사회운동을 했던 과정을 일일이 복기했는데, 스스로를 용서할 수 없는 일들이 떠올랐지요.

그러다 깨달았습니다. 사람은 무척 약한 존재이고 나 역시 약하지만, 그렇게 약한 존재들이 세상을 바꾸기 위해 용기를 낸다는 사실을 말입니다. 버티고 견디는 것만 해도 충분히 예쁘고 대견한 일이라는 것을 깨달았지요. 부족한 게 있어도 나만의 책임이 아니라는 것을 깨달고 나니 스스로를 용서하게 되고 예뻐하게 되더군요. "수미야, 너처럼 약한 사람이 잘 버티고 있어. 잘하고 있는 거야. 지금만으로도 충분해. 너는 예뻐." 이렇게 속삭이다보면 옥살이 중에도 마음이 따뜻해졌습니다.

지금도 저는 힘들고 외로울 때 이렇게 중얼거립니다. "수미야, 너처럼 약한 사람이 이 정도면 잘하고 있는 거야. 너는 최선을 다하고 있잖아. 너만의 책임이 아니야. 잘하고 있어." 이렇게 스스로를 토닥여주면 한결 나아집니다.

그리고 다른 주문을 외기도 합니다. 앞서도 잠깐 이야기했지만, 제가 감옥에서 살아 나왔을 때 하늘에 대고 이렇게 말했습니다. "죽는다고 했는데 이렇게 살아났으니 앞으로의 인생은 덤입니다. 항상 감사하면서 겸손하게 살겠습니다"라고요. 덤으로 사는 인생이라면, 지금 제 삶도 충분히 대단하지 않습니까? 그래서 힘들 때면 "너 그때 덤으로 사는 인생이니 감사해하겠다고 했잖아. 잊지 마"라고 속삭이기도 합니다.

이 두 가지 마법의 주문은 저에게 고통을 견디는 힘을

줍니다. 스스로를 예뻐하고 대견해하는 것은 자긍심이 있어야 가능한데요. 저는 여러분도 자긍심을 가졌으면 합니다. 모두 저처럼 자신만의 주문을 외우며 시련을 이겨냈으면 합니다. 우리는 한 사람도 빠짐없이 독특하고 소중한 사람들입니다. 부디 이 사실을 잊지 마세요.

정치의 시대

만국의 알바여, 정치하라

초판 1쇄 발행 / 2017년 5월 25일

지은이 / 은수미
펴낸이 / 강일우
책임편집 / 윤동희 김효근
조판 / 박지현
펴낸곳 / (주)창비
등록 / 1986년 8월 5일 제85호
주소 / 10881 경기도 파주시 회동길 184
전화 / 031-955-3333
팩시밀리 / 영업 031-955-3399 편집 031-955-3400
홈페이지 / www.changbi.com
전자우편 / nonfic@changbi.com